据考古，乾江一带是古代海上丝绸之路始发港古合浦港所在地。合浦这个江河汇集于海的地方，有『南珠故郡，海角名区』之称，而乾江是明清两代非常重要的海防要塞，有着鲜明的海洋和农耕文化特色，还是两广地区最早创办新式学校的地方之一

谭瑞军◎摄

海丝古港 兴教重文

Beihai Qianjiangcun

海丝首港景区，距乾江村不远

庞家崇兴商号旧楼

林家大院，其家林朱赞是乾体学堂创始人

海港遗风

烙印。
生动注
注行，

兼收并蓄

建筑是乾江历史悠久与文化交融的生动载体。乾江古建筑群以明清古建筑为特色，清雅幽深，独具大宅风貌。民国时期的近代建筑则采用中西合璧的手法建造，有骑楼造型，也有西式建筑的圆拱。

文教礼传

乾江地处江海交汇之地，迎四海之
领文明之气，乡贤文化、儒家文化浸润
大族大户在淳化乡风、稳定秩序、启蒙
等方面，起到了重要的作用。1901年建立
体学堂，是两广地区最早的新式学堂之

◐ 本页图片摄影：庞

乾江西楼。重修于1871年，为吕仙阁，用于祭拜吕洞宾

海丝古港

北海乾江村

庞白 著

漓江出版社
·桂林·

图书在版编目（CIP）数据

海丝古港：北海乾江村 / 庞白著. -- 桂林：漓江出版社，2025. 3. -- （广西村落文化丛书）. -- ISBN 978-7-5801-0211-9

Ⅰ. K296.75

中国国家版本馆 CIP 数据核字第 2025S6Y653 号

海丝古港——北海乾江村

HAISI GUGANG——BEIHAI QIANJIANGCUN

作　　者　庞　白

出 版 人　梁　志
项目统筹　何　伟
特约编审　宋安群
特约组稿　廖明君　庞　白　胡小安
项目协调　霍　丽　黄　圆　吴　桦
责任编辑　黄　圆
助理编辑　王钧易　兰昕悦　岑静雯
营销编辑　陈　睿　于嫒嫒　俞方远
装帧设计　周泽云　曾　意
责任监印　杨　东

出版发行　漓江出版社有限公司
社　　址　广西桂林市南环路 22 号
邮　　编　541002
发行电话　010-85891290　0773-2582200
邮购热线　0773-2582200
网　　址　www.lijiangbooks.com
微信公众号　lijiangpress

印　　制　广西民族印刷包装集团有限公司
开　　本　880 mm × 1230 mm　1/32
印　　张　6.25　插页 1 页
字　　数　118 千字
版　　次　2025 年 3 月第 1 版
印　　次　2025 年 3 月第 1 次印刷
书　　号　ISBN 978-7-5801-0211-9
定　　价　38.00 元

江河汇集，汉风南下，
乾嘉文武，体会中西

庞白

乾江村示意图

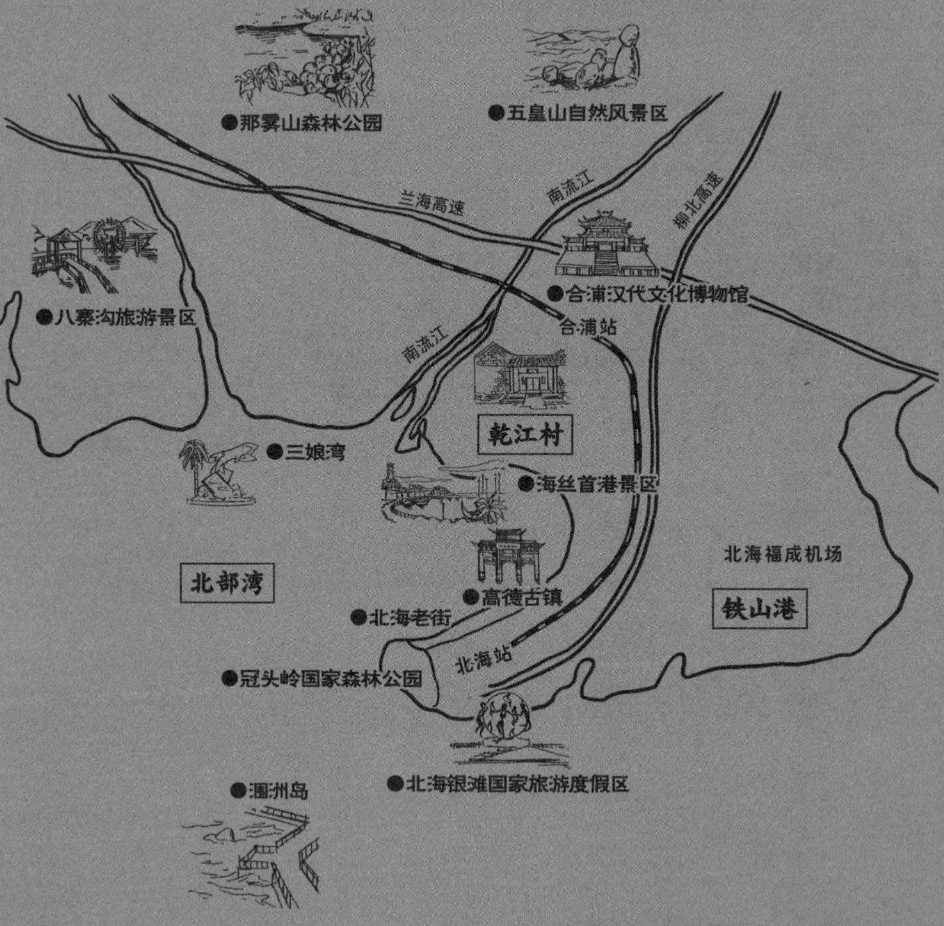
那雾山森林公园
五皇山自然风景区
兰海高速
南流江
柳北高速
八寨沟旅游景区
合浦汉代文化博物馆
合浦站
南流江
乾江村
三娘湾
海丝首港景区
北海福成机场
北部湾
高德古镇
铁山港
北海老街
北海站
冠头岭国家森林公园
北海银滩国家旅游度假区
涠洲岛

黄璐霜／绘

乾江小传

广西北海市乾江村，位于合浦县城廉州镇西南距城镇约7千米处的南流江出海口附近，距离北海市区约20千米。

乾江村历史上是古代海上丝绸之路始发港古合浦港所在地，在中国古代海上交通中起着重要作用，是中外商业贸易和文化交流的纽带和桥梁。对此，《汉书·地理志》有相关记载，附近风门岭等地考古出土的大量陶器、青铜器、玉器和来自东南亚、印度等地的玻璃器、玛瑙器、水晶、琥珀等文物可作为佐证。明清两代，扼古代廉州府城出海交通咽喉的乾江（时称乾体）也是我国的海防要塞，有大量驻军，至今留有诸多军事遗存。

乾江村历史人文要素丰富，海洋文化、耕读文化并存，至今保留着以明清建筑为底色的古建筑群，以及数量众多、保存完好、融合中西建筑风格的民国时期建筑。2022年，乾江村入选第三批广西民族特色村寨。

如今的乾江村，虽然不复港口、军事功能，但随着北海旅游影响力的扩大，背靠便利交通条件和丰富旅游资源，其人文历史及岭南特色建筑日益受到关注。

总 序

广西壮族自治区地域广阔，山海相望，河流纵横。在这片南疆大地上，各族人民融洽相处、团结一致、积极用世，共同建设栖居之地和精神家园，形成诸多迄今为止仍全部保留或部分保留着农耕文明基因的村寨及乡镇。以农民为主体的乡土文化，与精英文化、市井文化长期互相依存，在孕育各具形态的社会生活的同时，各美其美，互相映耀，成为建构光辉灿烂的中华文化的丰富资源，承载着国人共同的历史记忆。逢此盛世，包括少数民族文化在内的乡村文化，劲挺焕发出蓬勃的朝气和活力，与城市化的进程同步，在继承往日传统的基础上，依据自身当下的条件，不息创设着具有自己特色的文化生活，呈现出生机勃勃和丰富多彩的文化事象。

在广西壮族自治区党委的领导下，经过多年努力，包括传统民居在内的广西大量历史建筑得到较好保护，形成了规模较大、内容和价值较丰富、活态传承的农耕文明遗产保护群。截至2024年，广西入选国家级、自治区（省）级“传统村落”“历史文化名镇名村”“少数民族特色村寨”“美丽休闲乡村”等名录的村落，合计超过800个（次）。这些具有地域特点、民族特色的乡土村落，是广西优秀文化的一部分，是中华民族共同体的瑰宝，是值得继续传承、有待不断开发的物质资源和精神资源。

习近平总书记先后指出，“乡村文明是中华民族文明史的主体，村庄是这种文明的载体”，“乡村振兴，既要塑形，也要铸魂”。重塑乡土文化，建设乡村精神家园，筑牢乡村振兴之根，确保乡村社会的持续稳定发展，既有重要意义，也是现实需要。

为贯彻落实党的二十大精神和习近平文化思想，广西壮族自治区党委宣传部指导策划，广西出版传媒集团组织漓江出版社的编创团队出版“广西村落文化丛书”，重点对广西村落的发展历史、建筑风貌、民居样态、民众生产生活方式、文化艺术结晶和民族地域特色等进行系统梳理，挖掘、整理蕴含在村落中的最具感染力、传播力的文化元素。本丛书被列入广西优秀传统文化出版工程，以区内20个秉具特色的村落为载体，书写中华文明史上的广西篇章、广西故事。

“广西村落文化丛书”推出的村落，基本上是迄今为止仍全部保留或部分保留着农耕文明基因的村寨或乡镇。所谓特色，指承载有乡土文明、地理特点、民族特性、历史意义，以及物质、社会和精神文化优秀传统的特征。这些特征涵盖了历史、政治、经济、教育、文化、自然、地理等方面，以及与此相关的发展脉络、山水风光、村落景象、公共设施、历史人物，乃至具体的商埠、街巷、建筑、物产、民俗、节庆、歌谣、饮食、服饰等，对它们的书写都是挖掘“村落文化”的题中应有之义。不同地域的物产资源与气候条件，决定着不同地域适宜人居的村落形制；不同的民族村落，又折射出不同民族的文化精神与审美情趣。

本丛书遴选的村落，覆盖广西14个设区市，涵括广西的四大古镇，包含汉、壮、侗、苗、瑶等多个民族特色村寨，选入少量独具广西特色的仫佬族、毛南族、京族村落，同时兼顾文旅基础好、广西文旅部门重点打造的村落。为踏实求真地完成这套丛书，作者们大量查阅典籍、方志，多次实地调研、访谈，多以“准史志”的严谨文字来写作，偶有散文笔调的呈示，也意在使史实的叙事轻快鲜活，为读者理解文本而创设情境。诚然，20个村落的丛书叙事难说全方位地反映了广西村落文化面貌，但由于每个村落都是一个“小世界”，其形貌、特性各有不同，故一定程度上仍可说，丛书不啻是广西异彩纷呈的地域文化和民族村落特色的缩影。因之，这些村落就不只是某个市县的地理乡镇，也不只是某个作者个体视角的村落印象，而是基于现实的记史、纪实的乡土影像，是包含了地理环境、历史脉络、文化积累和当下关注的宏大画卷。

本丛书兼顾历史性和当下现实关怀，既溯及村落们的过往，也描绘其当今的发展状况，蕴含着浓烈的时代精神，呼应了习近平总书记关于乡村振兴的战略思想。广西广大农村的各族群众长期居于乡村，他们热爱乡村、建设乡村，乡间一切物质与精神的积淀，更是注入民众血肉和灵魂的所在。凡是能够世代流传直至今日的良好的村落文化事象，必然是符合民意民情、具有强劲生命活力的，其赓续的功效，无疑地，既体现在精神层面，也体现在物质层面。新时代乡村的建设者，或可从中收获宝贵而又可靠的经验。

目录

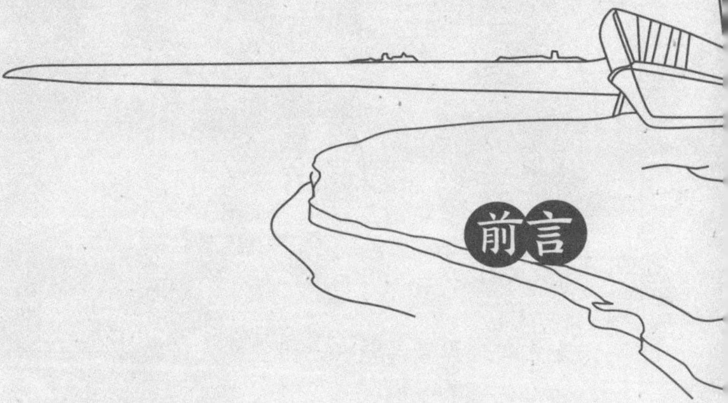

前言

多年前的一天，我领着北海电视台几个朋友到了乾江。我们走在炊烟飘起的街道上，时不时停下脚步，看看齐眉的花窗、房屋外墙上的花纹、脚下轧出深深凹痕的石板路，以及不再使用的打铁铺、车缝社和客人零落的百货大楼、杂货店等。我们这几个行色匆匆的人，对上本地人的目光时，虽然他们没讲什么，但感觉得到他们的好奇。那时的乾江，陌生的面孔不多，因婚姻而到乾江的人也还没几个，这里还不像现在有那么多人知道。现在周末甚至平时都有不少游人前来寻幽访古。

那次乾江之行的成果，是拍成了一部10分钟左右的纪录短片，在北海电视台播了出来。现在想来，那算是比较早的以电视节目的方式向外界宣传乾江。男主持人是敦威——一个气质儒雅、声音温和的兄长。片子里，有一个镜头我至今不忘：敦威站在蜿蜒的石板路中间，仰着头，一言不发，然后好一会儿，他才长叹一声。那一声，悠长但不包括任何汉字；没有一个汉字，却又让人感到意味深长。后来，我问敦威是怎么想到那样表达的。他反问我，面对时间的流逝，除了一声叹息，还能有什么别的更好方法呢？

其实，镜头之外的敦威还作了另一番感慨。面对这个古老的小镇，生于东北，后随父母搬迁到四川生活，然后又到广西北海工作的他说，故乡应该就是乾江这个样子，有古老的石板路、斑驳的围墙，人不多，但有烟火气，这才会有乡愁。

过了一会儿，他又自言自语："我是遗失故乡的人了。"

这个细节，被我写进了写乾江的长篇散文《低语》，发表在《广西文学》上。

确实如此，时间中的小镇，时间中的生命，时间中的世事变迁，会让人心生感触，而那一声叹息，不但包括眼前看到的，也包括更多无从言说的。

后来，到乾江的人慢慢多了。摄影的、画画的、写作的、做文物保护的，都有。

再后来，广西电视台、《广西日报》、《北海日报》等媒体也去乾江采访、拍纪录片。中央电视台还曾拍过8集专题片《走遍中国——走进北海》，专门到乾江取景和拍摄了一些镜头。专题片在中央电视台中文国际频道播出后，不少漂泊在外的老乾江人都看到了，定居广东电白60多年的庞家才就是其中之一。他给弟弟庞家能打电话说，他在中央电视台的节目里看到庞家老屋了。庞家能是乾江中学退休的英语老师，我是他的侄子，也是他的学生。他告诉我："四哥（庞家才）打电话来时，哽咽了。"

大概是乡情和乡愁，让一个古稀老人流泪了。

乡情和乡愁是什么呢？儿时的记忆、青年的悲愤、中年的惦念、老年的依恋？还是诸多与故乡有关的生命里的细节？或者是印记中的失而复得、破镜重圆与悲欢离合？

可能都是，但应不止这些。

近百年来，乾江一直坐落在稻田中，寂寂无声。

春水盈盈，风吹树摇，稻苗泛绿，稻翻黄浪，秋收冬藏，小镇灰色的青砖围墙和泛白的裂纹石板路，不动声色。

这个南方海边小镇，像一个宠辱不惊的老人，也像随时可以出发的少年。

它积蓄的力量，要从往事中寻找。

南流江边

▼乾江，见证了南流江和北部湾的交汇，验证了皇天后土与辽阔大海密不可分。

2020 年，乾江航拍图　王星 / 摄

江水南流

乾江位于广西合浦县城廉州镇西南，距城镇约 7 千米，距北海市区约 20 千米。

现在的乾江看起来是一片村庄，但在历史上很长一段时间里，它是一个港口，是军事要塞，后来又成为一座小镇。

镇和村，在乾江，一直不是界限分明的。这座坐落于稻田中的小镇，是农田的一部分。可以讲，镇上人家，每一家人都与周边村子存在婚嫁、亲属关系，大家早融在一起了。故在自治区民宗委、自治区住房和城乡建设厅、自治区乡村振兴局联合发布的广西民族特色村寨名单里，乾江以“北海市合浦县廉州镇乾江村”命名，是恰当的。

点开卫星地图，我们可以清晰地看到一条江从乾江北边擦肩而过。这条江是南流江其中一条入海支流，叫西门江。西门江从东北方向流下来，经过廉州，再经过乾江，然后往西南流淌三四千米，就进入北部湾了。

乾江在南流江合浦出海口处。

乾江为什么能在诸多南方小镇中突显出来，不少人有过探讨。大家相对认同的是，它与海上丝绸之路及其始发港紧密关联。

考古人员和史学家们认为，两千多年前，海上丝绸之路始发港合浦古港的位置，大致在乾江附近。在道路交通落后的时代，逐水而居，因江而兴又因江而衰，几乎可以说是一个地方起落的必然，乾江也是如此。

梁旭达、邓兰的文章《汉代合浦郡与海上丝绸之路》提到汉代合浦港地理位置十分优越，不仅具备水深、避风、便于船舶停靠的有利条件，而且拥有由南流江水系构成的货运通道。当时中原内地、云贵高原的货物，主要由三条通道进入合浦郡境内。一是湘漓水道，沿长江水系由湘江过灵渠进入漓江，途经桂林、昭平、梧州，再由梧州逆浔江而上，经北流江（又称北流河、绣江）过桂门关（也称鬼门关），沿南流江到达合浦港。二是红水河水道，由南盘江、北盘江到达郁江，溯郁江而上至贵港，又陆行到玉林，再沿南流江到达合浦港。三是左江、右江水道，左江经龙州、崇左、扶绥到达南宁，右江经百色、田阳、田东到达南宁，两江在南宁相汇成邕江，自邕江顺流至横州后上岸陆行至灵山一带，再从武利江经南流江到达合浦港。

三条通道都汇聚于南流江，可见南流江之重要性。

这使合浦港在秦汉时代就有了一个起始于黄河流域，经长江流域通往西江流域，然后直达北部湾的水路运输网络。这条贯穿内地和海上的大通道，以及之后通往东南沿海各港口的通道，组成并书写了中国走向大海，通过海洋连接世界的宏大篇章。

不过，也由此可以看出，合浦港连通中原腹地，内河航道也就南流江这一条，交通命脉系于此江一身，一旦南流江的作用不复，合浦港的发展就会受到大影响。

南流江古称合浦水，发源于广西大容山主峰莲花顶南麓，向南蜿蜒流经北流、玉州、博白、浦北、合浦等县区，是玉林、北海两市的“母亲河”，也是桂东南地区的主体河道。其主干全长 287 千米，有支流 60 余条，流域面积达 8635 平方千米，是广西流程最长、流域面积最广且水量最丰富的独流入海之河。

南流江支流繁密，水网纵横，河床稳定，既便于航运也利于灌溉，在北部湾地区形成了一个宽广的网状河系，编织出盛产稻米、甘蔗、花生、水果等农作物的广西最大三角洲——南流江三角洲。

早在新石器时期，就有人类生活在南流江两岸了。

春秋战国时，南流江流经的合浦属百越之地。汉初，合浦为南越国地。秦灭后，南海郡尉赵佗出兵占领桂林和象郡，自立为南越武王，虽对汉称臣，却是相对独立的王国。赵佗继续推行郡县制，采取“和辑百越”的民族政策，稳定的社会环境使得岭南地区的社会、经济、文化有了很大的发展。赵佗死后，他的继任者继续实行臣服于汉的政策，直到南越国第四位王赵兴统治后期，南越国相吕嘉公开反叛，并杀掉汉使，“使人函封汉使者节置塞上，好为谩辞谢罪，发兵守要害处”。

为平息叛乱，元鼎五年（前 112 年），武帝任命路博德为伏波将军、杨仆为楼船将军，进入南越地区。次年冬，汉军攻入番禺，其余地区闻风而降，南越国的反叛得以平定。同年，汉朝调整岭南地区南越故地的行政区划，这才有了南海、苍梧、合浦、郁林、珠崖、儋耳、交趾、九真、日南九郡。其中合浦郡，辖合浦、徐闻、高凉、临允、朱卢五县。

汉代，合浦郡的辖地跨今广东、广西两省区，东到今广东云浮市的新兴县一带与当时的南海郡相接，西起今广西防城至邕宁一带，南达今广东徐闻至阳江一带，北到今广西容县至横州一带，还曾一度管辖今海南省全境（即儋耳、珠崖），可谓辽阔。

仅合浦郡管辖下的合浦县，当时就大致包括了今天的广西北海市、钦州市的全部和防城港大部、玉林市大部以及广东省廉江市等地。从这个范围来看，不论是合浦郡还是合浦县，都比现在合浦县的管辖范围大得多。

这只是从区域范围而言。

又因当时时事的需要，南流江在风云变幻的历史进程中，逐渐为世人所知并愈加重要起来。

汉光武帝建武十六年（40 年），交趾女子征侧、征贰姐妹造反，九真、日南、合浦三郡的少数民族纷纷响应，征侧自立为王。于是，名将马援南征，拜伏波将军，以扶乐侯刘隆为副，督楼船将军段志等南击交趾。段志到达合浦后病死，其部众由马援直接统率，“援将楼船大小二千余艘，战士二万余人，进击九真”，最终“峤南悉平”。

《后汉书》对当时水陆各路军队征伐交趾的准备工作和进军线路，也有记载：“乃诏长沙、合浦、交趾具车船，修道桥，通障溪，储粮谷。”

鉴于汉代的交通状况，马援他们率领的军队与秦始皇时期、汉武帝时期南下军队走的路线应大致相同，即由湘江经灵渠转入漓江，再经北流江过桂门关，然后沿南流江进入合浦出海。沿南流江而下的马援大军，历经波折，平定了征侧、征贰之乱。不仅如此，他们进而还南下九真。军力如此强悍，不由得让人为之感叹。

作为这一大型战事重要根据地的合浦，不仅在军事上突显其重要，在航海史上的地位也因此确立。而运送军队、粮草补给的运输大动脉南流江，无疑为战事的胜利奠定了基础和提供了保证。可以想象，在人口尚且稀少的两千年前的岭南地区，因大批军队经过、驻扎，南流江沿岸至合浦出海口，该有多大变化，经受多少不同文化、习俗等方面的冲击和融合。

彼时，江岸至少有一项设施是会增加的：造船场所。

岭南地区林业资源丰富，不乏造船良木。汉代《上陵曲》就有这样的记录："桂树为君船，青丝为君笮，木兰为君棹，黄金错其间。"汉代岭南已能建造较为复杂的大中型船舶了。广西贵港梁君垌 14 号汉墓出土的一艘东汉晚期陶船，就是一艘大型内河航船模型，结构复杂。

汉代岭南还有一种特殊的战船，即铜船。《太平御览》保存了晋代刘欣期在《交州记》中的记载："安定县有越王铜船，潮退时有见者。合浦四十里有潮（疑为'湖'），阴雨日，百姓樵采，见铜船出水上。"如其所言不虚，越王曾造铜船，沉于安定县（属交趾郡）。《方舆记》一书也载："铜船湖，马援铸铜船五只，一留此（指合浦）湖中，四只将过海征林邑。"马援为什么要铸铜船？《元和郡县图志》载："朱鸢江，北去县一里。后汉马援南征，铸铜船于此，扬排燃火，炙船头令赤，以焦涌浪及杀巨鳞横海之类。"据此，铸铜船是为保证海上航行安全，"焦涌浪及杀巨鳞"。这种做法，现在我们实在无法想象，但以此探知水下潜藏的未知危险，可以理解，也在情理之中。遗憾的是造船遗址至今尚未挖掘出来，若能一睹当年造船场面，实属幸事。

有意思的是，南流江沿线的合浦汉墓群、草鞋村遗址、大浪古城遗址均为全国重点文物保护单位，2025 年年初，合浦汉墓群与汉城遗址（草鞋村遗址、大浪古城遗址为主体）还入选了首批国家重要大遗址清单。大浪古城遗址和

南流江出海口处的小码头，可停靠小渔船　庞华坚／摄
（书中未标注摄影者的照片，也均为庞华坚所摄）

草鞋村遗址两处的挖掘，让南流江沿岸造船的史实得以穿过时间之雾逐渐露出真容。特别是大浪古城遗址，城墙、城壕、码头等基本布局都保存了其最初的外形和样式，成为迄今为止国内考古发现的保持最为完整的汉代县治之一，考古学家推测其为西汉中期合浦县的县治。其西门外码头遗址，码头为土筑，东西面残长约 7.4 米，靠城墙的东侧南北宽约 3.5 米，往外伸入古河道中，最宽处达 6.35 米。码头不大，是因此地不是出海港，此处应是新制船只及装载运往出海港货物的小船的停泊码头。广州及泉州挖掘出的同时代内海码头，和大浪古城的码头大小相似，功能也是一样的。虽然如此，但也足可印证其曾扮演着海上丝绸之路始发港的重要角色。

江岸城镇因漕运的兴起也会有变化，不过那并非汉代的事。北部湾地区海盐含量大，又地处亚热带，日照时间

南流江出海口处，停泊在红树林中河汊船道上的小渔船

充足，具有海盐业生产的优越条件，食盐生产于是成为北部湾沿海地区重要的经济活动，沿江漕运海盐也就成为一件大事。廉州的盐场兴起于宋代,《宋会要辑稿》记载，宋代廉州设有“白石、英罗、大廉、石康、平陆”等盐场。此书同时还记载:“石康县有小江处，其一溯流至郁林仓，岁差常运官六员，客钞多即般盐赴仓，应副静江、藤、容、梧、浔、昭、贺、柳、象、宜、融、郁、贵十三州支请；其一溯流至武利场，岁差常运官四员般盐赴仓，应副邕、宾、横三州博马。”可见，宋代廉州盐场的海盐通过船运到达石康仓，然后经过南流江运往郁林仓和武利仓。及至元、明，通过此通道，海盐源源不断送往岭南西部各州县，南流江在海盐运输中扮演了至关重要的角色。

江河汇集之地

我们再放大地图，看看南流江流过的合浦县。

合浦位于广西南端，北部湾东北岸，北纬 21° 27′ ～ 21° 55′，东经 108° 51′ ～ 109° 46′。东与博白县、廉江市相邻，西连钦州市，北与浦北县、灵山县接壤，南临北部湾，距南宁市 176 千米，这个“江河汇集于海的地方”，有“南珠故郡、海角名区”之美誉。

之所以被誉为“南珠故郡、海角名区”，是因为此地盛产南珠，以及汉代海上丝绸之路始发港在此开辟和形成。

汉武帝时，国力强盛，经济富庶，曾两次派遣张骞前往西域，将中国的丝绸等货物带到西方。张骞的脚步远达地中海东部一带，开辟了横跨亚洲大陆的陆上丝绸之路，扩大了汉王朝的声威和影响。但由于陆路交通易受匈奴等部族的阻碍，经西域与外国贸易的丝绸之路屡屡不畅，于是南方的通商海路就显得尤其重要了。汉武帝又开拓了南海对外交通与贸易活动，从而逐渐形成了海上丝绸之路。

《汉书 · 地理志》记载：

自日南障塞、徐闻、合浦船行可五月，有都元国；又船行可四月，有邑卢没国；又船行可二十余日，有谌离国；步行可十余日，有夫甘都卢国。自夫甘都卢国船行可二月余，有黄支国，民俗略与珠崖相类。其州广大，户口多，多异物，自武帝以来皆献见。有译长，属黄门，与应募者俱入海市明珠、璧流离、奇石异物，赍黄金杂缯而往。所至国皆禀食为耦，蛮夷贾船，转送致之。亦利交易，剽杀人。又苦逢风波溺死，不者数年来还。大珠至围二寸以下。平帝元始中，王莽辅政，欲耀威德，厚遗黄支王，令遣使献生犀牛。自黄支船行可八月，到皮宗；船行可二月，到日南、象林界云。黄支之南，有已程不国，汉之译使自此还矣。

这是正史第一次明确对中国官方商船从中国南部港口至东南亚各国进行商贸活动的记载，也是我国史籍对南海海外交通航线最早的具体记载。

这说明汉代合浦郡与东南亚、南亚等地区之间确实存在着一条海上丝绸之路。

换一句话讲，合浦、徐闻一带，是有史书记载的我国最早的海上丝绸之路始发港地区。

从这段文字看，汉武帝以后，我国与南海诸国及今中南半岛的水路交通线已经开辟，两汉的统治者为海外诸国的奇珍异宝所吸引，派出使臣携带黄金、杂缯出海进行商

当年的苍茫大海如今已成安居家园　陈华倩／摄

贸交易。为了使商贸活动顺畅，他们还专门设置“译长”一职从事翻译工作。

可见当时的海外贸易并不是个例，而是经常性的商贸活动，商船队伍的规模也不会小。这段文字中的几个时间节点细究起来，让一些史实显得很有意味——

“自武帝以来”，即刘彻公元前 141 年登基后，黄支国等“皆献见”，这意味着当时航路已通；元鼎六年（前 111

年），西汉王朝灭南越国，在百越地区设置九郡，可见所记航路的时间，应在公元前 111 年前后；“平帝元始中”，指的是公元元年后。

从这三个时间节点来看，通过航海与海外开展贸易，至少在汉武帝时期已开始，这个时间点，与张骞第二次出使西域（前 119 年）的时间差不多。

从这个角度看，海上丝绸之路和陆上丝绸之路，是当时中原商贸的“两翼”。而所记录的交易资本是“黄金杂缯”，即是带着黄金和各种丝织品出海贸易，黄金用来购物，纺织品用来易货和贩卖。可以说，这条航路是名副其实的丝绸之路。

由于汉代交通状况及当时航海和造船技术的限制，大宗货物和大批人员，从中原及内陆到达岭南（包括北部湾沿岸合浦、徐闻地区），太难了。那时，长途货物运输，一般靠牛、马、骆驼等，而动物运载能力有限，运载量少，费用高，损耗大，运输时间又长。水上运输则运载量大，费用低，损耗小，运输时间短。故要将内地的大宗货物和大批人员送达北部湾海边，通过船运这种途径，最划算，也最省事、最安全。

沿南流江北上，陆行可至桂门关，再沿北流江进入西江、桂江，最后经灵渠沿湘江可进入长江流域，沟通中原；中原及内陆货物通过江河转运，可抵达北部湾沿岸，然后沿着海岸线前往东南亚、南亚等地区。这条线路现在基本得到公认了。

合浦有南流江交通之便，又居于环北部湾沿岸的中心位置，距离中南半岛较近，古合浦港因此应运而生。

合浦港是被历史选择成为海上丝绸之路始发港之一的。它在古代经济、文化交流等诸多领域起到的作用及其历史地位，随着研究的深入，日渐被更多人所认识。

秦汉史专家王子今教授在其《合浦的海气珠光》一文

中提出，到了西汉时期，合浦作为南洋航路重要出发港的地位更为明确。班固撰写的《汉书》已经明确告知人们，合浦是远航黄支国的出发港，也是东方海上航路上的名港。

通常认为，黄支国在印度东南部泰米尔纳德邦的康契普腊姆，其南面约 100 千米处有著名的阿里卡梅杜遗址。

日本学者藤田丰八在《中国南海古代交通丛考》(1936 年）中对从合浦、徐闻等港口出发的汉代海上丝绸之路航线有过考证；美国宾夕法尼亚大学刘欣如的博士学位论文《公元 1—6 世纪中印之间早期贸易与文化交流》(1985 年）中，强调合浦在汉晋至南北朝时期作为“海上丝绸之路”始发港在中印经济、文化交流方面发挥的作用；美国学者罗伯特·威克斯（Robert S.Wicks）在其著作《早期东南亚的货币、市场与贸易》(1992 年）中，讨论了秦汉时期的港口城市合浦、徐闻等的贸易情况，认为珍珠是当时合浦最重要的贸易产品；美国佐治亚学院暨州立大学的马克·吉尔伯特（Marc Gilbert）在论文《世界古典时代的港口城市》(2006 年）中认为，合浦是“中国最古老的海港”，是“海上丝绸之路最早的港口”，并将其列为古典时代的世界五大港口之一。

20 世纪以来，中外学者对南流江以及从合浦等北部湾港口出发的海上丝绸之路的研究更加系统和专业化，随着对这一区域历史脉络的梳理及考古的深入，南流江在秦汉海上丝绸之路中的作用和影响日渐清晰。

合浦港对秦汉时期海上丝绸之路拓展所起的重要作用，从合浦汉墓群等处的考古挖掘中得到了印证。合浦汉墓群主要分布在合浦县城东南郊的丘陵地带，东西长约 12.5 千米，南北宽约 5.5 千米，总面积 68 平方千米，总保存量初步推测近万座。合浦汉墓群规模宏大，保存完整，自 20 世纪 70 年代以来，文物部门配合基建发掘清理了 400 多座汉墓，出土文物逾万件，这些文物里有铜凤灯、东汉波斯陶壶等 20 多件国家一级文物，二级文物超过 150 件，陶器、青铜器、铁器、玻璃器、玉石器等不计其数，不少文物的精美程度全国罕见。其中尤为引人注目的是，在几乎每座汉墓的随葬品中，都发现了来自东南亚、印度等地的琉璃、琥珀、玛瑙、水晶制作的各种饰品或器皿，其中不乏具有很高历史、艺术价值的精品，是印证汉代合浦郡治和港口历史的重要实物资料。

其中，寮尾 13B 号墓出土的陶壶是目前我国发现的同类器物中最早的，这是一件典型的帕提亚时代釉陶壶，学术界认为，陶壶制作于今伊拉克南部或伊朗南部，类似这样口沿有棱且呈水平方向外撇，长颈鼓腹，肩部带单把手、有圈足的陶器也收藏于卢浮宫和大英博物馆等处。

汉墓出土文物也印证了《汉书·地理志》“赍黄金杂缯”的记叙。

在我国，黄金最迟在战国时期就流通于楚国，西汉中叶开始出现金饼，其状主要有圆形和蹄形两大类。广西目

波斯陶壶

前发现过 3 枚金饼，其中合浦望牛岭 1 号墓出土了 2 枚，均属西汉晚期文物，圆形凹心，刻有铭文，背面稍隆起，一枚直径 6.3 厘米、重 249 克，一枚直径 6.5 厘米、重 247 克。汉代黄金流通比较普遍，而金饼携带方便，故使团用以出海交易，是自然而然的事。

这些发现，都在勾勒着一幅以合浦、北部湾地区为中转枢纽的贸易线路图。

乾江地处合浦县城廉州南郊，一部分地域即在合浦汉墓群保护区域内。

小时候，我们捡树枝、砍柴、扒柴草，有时也会到保护区里的禁山、杨家山、中站等处。那里树林茂密，树林中有非常多的小山丘。我们知道，那些小山丘叫汉墓，埋着两千年前汉代的人。

按说小孩子应该恐惧坟墓，其实不然，我们只是对那些新坟感到害怕，在树林里不小心看到，会远远绕开。但是汉代那些墓丘，是我们攀高爬低、耙草砍柴、玩耍的好场所。偶尔碰到一些因雨水浇淋而暴露出来的宽大坟室，还忍不住好奇地探头探脑。汉墓里，白骨之类是见不到的，顶多能看到一些破罐残砖。小孩子不懂事，见没什么好玩，也不刺激，一声“撤——”便离开了。

长大之后才知道，那些破罐残砖，都是两千年前烧制的物品，是考古工作者视为宝贝的东西。我去过一些博物馆，比如西安博物院等，都曾看见玻璃柜里垫着厚厚的绸缎，上面陈列着很多类似的“破罐残砖”。后来每到合浦汉代文化博物馆参观一次，就禁不住笑自己一次：说不定眼前的哪一件文物就是我小时候见过并戏笑称“废品”的呢！

古代海上丝绸之路出海口

虽然从长度、流量等方面，南流江在中国河流家族中名不见经传，但是，如果把它放在中国的历史进程中，结合古代海上丝绸之路的历史作用和地位来衡量，这条长仅287千米的河流，就显示出它的不同凡响了。

秦汉时期中原的商人，通过长江、珠江水系，转北流江、南流江，将中原的粮食、丝绸、陶器等运送到出海口，再远运至东南亚、南亚等地。而外国的朝贡者以及南海的珠玑、犀象等物产也通过这条水道进入中原。

可以遥想江上帆影点点，往来人声隐约，一派生机勃勃的景象。这使处于南流江入海处的合浦港，成为汉王朝的重要港口，迎来了其发展史上的第一个高峰。

不过，随着历史进程不断发展和变化，特别是东吴时期，孙氏政权定都建业（今南京），政权重心东移，与都城相近的港口得到开发并兴盛起来，福建、广东的一些地方开始迎来了发展的契机。隋唐时期的大运河，沟通了中国南北的同时，也使得帝国对东南地区的财富、粮食更加依赖——东南之地，财富半天下。这使得杭州、越州（今浙江绍兴）、福州、广州等地的港口更加繁盛起来。

财富从来与贸易一体，强大的贸易吸引，使得东南亚等地的大量商船选择扬帆北上。外部商贸环境的变化使得合浦港日渐式微，开始衰落。

而随着科技进步，造船技术发展，船舶制造向着大、稳、吃水深的方向改良，司南的配置使船队不但能有效避开大的风浪，还不会迷路。古代船只于是摆脱了只能沿着海岸线行驶的束缚，开始向大海更远更深处进发，缩短距离、相对直航成为必然的选择。这些历史性的进步，加快了经济重心东移的步伐，让北部湾沿岸港口的作用更加弱化。

饶是如此，作为南洋航路重要出发港的合浦，还是在历史进程中继续发挥着作用。

唐代，合浦港仍是对外贸易的重要商港，除了南流江的便利，还因为当时合浦港尚未设置市舶使，课税低，而桂东北的灵渠又得到了进一步的修缮，沟通中原的水上交通更为畅达。

宋代海上贸易的发展超过唐代，是我国海洋贸易史上第一个黄金时期。宋王朝制定积极的外贸政策，采取一系列得力的外贸措施，以促进与海外之商务关系。管理海外贸易的机构即市舶司，由一个增加到十个。同时鼓励官员招引外商前来贸易、增加政府收入，对表现优异者授予官爵或给予其他奖励。在宋王朝奖励海上贸易的时代背景下，南流江的航运价值得以大大提高。

可以讲，南流江既是古代海上丝绸之路的支撑，也是唐宋到明清时期重要的运输通道。到了抗战时期，它依然是大西南的一条运输大动脉。抗战时期，日军封锁了从天津南至广东雷州半岛的沿海港口，合浦成为西南各省物资集散地，南流江的战略价值因此陡然提升。

那么好了，古合浦港在哪里？

《新唐书》载：“合浦全部之水，皆从乾体港入海。港口宽广，地势险要。”

黄启臣在《广东海上丝绸之路史》中这样记述：“合浦港口则在今合浦县城廉州镇西南5千米的三汊港（原注：今乾江圩旁）。西汉时，从这里起航出海沿北部湾海岸线西行，可到占城（越南境内）、暹罗（泰国）、真腊（今柬埔寨）、爪哇、满剌加、三佛齐（今印尼婆罗洲、加里曼丹），直到波斯湾沿岸及地中海沿岸。对内可溯南流江而上，至北流江，经博白、玉林的桂门关入西江，再溯漓江过灵渠入湘江至长江而达中原。”

北海已故文史专家黄家蕃先生进一步解释：“合浦古港在今北海市东北约12公里的合浦县乾体乡、南流江出海口的‘三汊港’，从江口进入数公里一段，江阔水深，俗称‘西洋江’。此处‘港汊交错，可泊巨舶’，故知为古港区所在，舟楫从江口上溯可达广西玉林市船埠，从船埠登岸东行 16 公里旱路即入北流河，通珠江水系，接漓江过灵渠到湘江再入长江。是除西江以外又一沟通中原与南海的大动脉。”

生于 1932 年 2 月的黄家蕃是一个奇人，虽然只有初中学历，却饱读诗书，写得一手好字，兼擅丹青。生于北海、长于北海的他，熟知本地历史，编著有《珠浦历代诗选注》《南珠春秋》《一粟楼诗词选钞》等书籍。他还是中国书法家协会、中国楹联学会、中华诗词学会、中国老年书画研究会的会员，受聘为广西文史研究馆馆员。其家从先曾祖父日章公起，三代均为名书法家，且为虔诚佛弟子。日章公是北海普度震宫与茶亭的筹建人，也是爱生院的发起人，是个慈善家。受家庭传统的影响，1980 年开始，黄家蕃先生倡组诗社，自编教材授课，一生学生无数，桃李芬芳。黄家蕃与乾江名医苏健今、苏立民，以及旧属乾江的插龙村画家、诗人郭赓祥等人相熟，20 世纪五六十年代，常从北海市区走路去乾江访友，对乾江一带的地理、文史、风俗等了如指掌。在我二十几岁的时候，有一次在北海旧邮电局门口和他遇上了，我们两个人蹲在路边聊天，他竟然知道我祖父的名字、做什么买卖，甚至还知道我嫁到北海的大姑，知道他们家商铺的具体位置。

其实，合浦郡的划定，马援平定二征暴乱，海上丝绸之路开辟，南流江促进海外商贸发展……将这些历史节点串连起来，能清楚看到有一个汇聚点。

这个点，就是合浦港，也即乾体港。

南流江有 5 条支流在合浦县的西南部入海，5 个河口分别是干流河口、木案江河口、叉陇江河口、针鱼墩河口和尿燕子河口。前三个较大，后两个江口宽均不足 1000 米，水深 1 至 35 米不等，流量较小。

南流江河口，古称三汊港，各支流河口距县城 12 至 18 千米不等，最东的叉陇江河口与最西的干流河口相距约 14 千米。

叉陇西北约 1.5 千米处便是古乾体港。

2001 年，“海上丝绸之路与中国南方港学术研讨会”召开，来自北京大学、清华大学、复旦大学，以及英国剑桥大学的诸多专家对中国古代南方海上丝绸之路进行了深入研讨。大多数专家认同“由南海至印度洋的远洋航线开辟于西汉”，北部湾是“南海最佳对外航行区域”，日南、徐闻、合浦乃这一航线之始发点。主要原因有二：一是当时远航西亚须沿北部湾沿岸航行并借助季风；二是灵渠的开凿沟通了北部湾地区与中原的联系。故专家和史籍指向的始发港是古合浦港（即三汊港）。

古乾体港不但是古代合浦对外贸易的重要口岸，也是明清两代重要的军事要塞，清时驻有水师营。港口东面有清代建筑的八字山炮台，附近有中法战争期间修筑的营垒遗址两处，俗称白坭城和红坭城。

这些历史遗迹，使得小小的乾江越来越引人注目，似乎有点缘分天定的意思。

也因此，一个备受喜爱的旅游胜地——海丝首港，应运而生。

海丝首港地处南流江支流西门江出海口、乾江街区西南 3 千米处的烟楼村。古时，乾江包括烟楼村的大部分区域。千百年过去，当年的合浦港（乾体港）遗址及伴随而来的沿江船舶修造痕迹，已湮没于时间深处，但海上丝绸之路仍然散发着巨大魅力，吸引着世人的目光。海丝首港的设计人员，经过对合浦出土文物的深入研究，结合千年古郡的历史，撷取历史典故兴建望安亭，提取波斯陶壶的颜色渲染港司楼外墙，将昭光寺铜钟等文物元素用于风向标设计。景区里的古堡、亭台、码头、市集等建筑，设计灵感无不来源于文物和历史典故。面朝北部湾的海丝首港，集聚了中西合璧的建筑群，再现两千多年前合浦古港舟楫往来、商贾云集的繁华场面，此外，全景交互式演艺，城水相连、城在水中的风韵，汉风古韵中夹杂的异域气息，也都令人沉醉。人们到此，与其说是欣赏美景，不如说是感受历史、领略风情更准确。

海丝首港景区

古镇由来

乾江，古称“乾体”，民间称“勤礼”。

有一位乾江人名叫苏立柽，他是乾体中学的创办者之一。民国二十六年（1937 年），苏立柽毕业于广东省立勷勤大学教育学院中文系。民国三十一年（1942 年），他回乡参与创建乾体中学，在学校发展历程中做出过重要贡献。既是教育家也是文史研究者的苏立柽，著有《乾江述古》一文。这篇文章保存了大量关于乾江的历史资料，包括乾体港地位、社会风貌、经济生活、近代革命等内容，是考证乾体港的珍贵资料。

《乾江述古》开头第一句话这样写：“合浦乾江，即古之乾体。乾体港为合浦门户，自古为中国南方军事要塞和通商口岸。”

在了解乾江的古往今来之前，我对苏立柽的这个总结有点不敢相信，在心里甚至认为他言过其实。——一个名不见经传的小镇，怎么称为门户，并在前冠以“中国南方”之名呢？

古镇老街

待年岁渐长，不由得心生惭愧：这个小镇不但算得上是“合浦门户”，确实也是“中国南方军事要塞和通商口岸”啊。

万事有来由，乾体又是怎么来的呢？

人类在南流江流域及附近地区活动的历史，至少可以追溯到新石器时代。

20世纪以来，南流江上游的玉林玉州区罗竹村竹山屯、福绵镇宝岭竹山村、福绵镇船埠村、大塘镇狮子岭、兴业县龙安镇等地，陆续出土了一批大石铲、石锛、石刀和石斧。广西人民出版社2019年出版的《玉林文化大典》记述，大塘镇狮子岭出土的石铲“呈束腰形，双肩对称，肩下渐向内作弧形收缩，使肩角成为锐角尖端，下至中部又渐扩展，然后再向内收成弧刃，腰部线条波浪起伏”，石铲刃部有明显的磨痕和缺口，应是当时的生产工具，这说明在新石器时代，南流江上游的居民已经开始了农耕生活。

1959年5月至8月，广东省文物管理委员会对广东南路地区进行文物普查，在合浦境内（时属广东管辖）发现了大坡岭、牛屎环塘、二埠水山、清水江西岸、鹿耳岭、沙煲岭、松木岭等几处新石器遗址，遗址地表“散布着方格、水波、‘米’字、篦纹、雷纹等硬陶片，还有砾石，也有数件磨制石器如斧、锛、铲之物，其中清水江西岸遗址还发现有青铜碎片”。

虽然如此，南流江流域人口大幅增长，有比较明确记录的，应从秦起。这在《史记》中有记载。

为控制岭南地区，秦王朝实行强制移民政策，按《史记》记载，大规模向岭南移民的活动曾有多次：（1）平定岭南当年，“发诸尝逋亡人、赘婿、贾人略取陆梁地，为桂林、象郡、南海，以谪遣戍”。《史记集解》引用徐广《史记音义》云“五十万人守五岭”，可见这次移民数量巨大；（2）秦始皇三十四年（前213年），“适治狱吏不直者筑长城及南越地”；（3）尉佗“使人上书，求女无夫家者三万人，以为士卒衣补，秦皇帝可其万五千人”。

西汉元鼎五年（前112年）四月，南越国相吕嘉反汉，杀死汉朝使臣。同年秋，伏波将军路博德率兵进入南越，平定南越国后，留下大批军户戍边。东汉时，交趾郡征贰、征侧反汉，伏波将军马援率军十万，以合浦作为军事基地，部队沿海岸西进，平定交趾叛乱。战事结束后，马援动员自己的部分部下留了下来。

这些移民为岭南的开发提供了充足的劳动力，对岭南地区的发展有着重要意义。作为南流江流经的岭南重镇，合浦郡深受此影响。

处于南流江出海口，距廉州只有六七千米的乾江，人口的来源应大致相似，大多自中原而来。这一推断，从北海客家溯源的路线也可以得到印证。北海客家人的迁徙足迹大致是：河南—山西—江西—福建—广东—海南—广西。

宋代的曾公亮在其《武经总要》中有这样的记述：“廉州合浦郡，汉所置，吴改珠官……唐置廉州。地控海口，有瘴江，置二寨守之……寨二：鹿井寨，在州西南，控象鼻沙大水口入海通交州水路；叁村寨，在州东南，控宝蛤湾至海口水路，东南转海至雷州递角场。”

《武经总要》记述的鹿井、叁村二寨，就是乾体营辖地，《广东考古辑要》记述：“合浦县鹿井、叁村二寨，在县西南乾体营。”

可见，乾江古圩建成的时间在千年以上。

由合浦县地名委员会编纂于 1983 年的《合浦县地名志》这样记载：“此地最早是姓陈的三兄弟居住，成圩后，以人名分为乾体、乾江、乾德三个区，后统三个区，统称乾体，现叫乾江。”

这样的描写，似乎颇有传奇色彩。按一般成圩成镇的规律，大约是这样：千百年来，舟车沿江往来，久而久之，聚集在江边的人多了，慢慢就有街道，而后形成了圩镇。那些人的后代，在这里出生，在这里讨营生，也在这里死亡。其间，人们久住的房子，有些受不了风吹，倒了，他们重建；有些街道经不住雨水泡浸，坏了，他们重修。时间的长河一天天流淌，乾江人一代又一代就活到了现在。

在旧志记载中，乾体这个地名多关乎军事，这让我想起北海的一个镇——南康。南康古时也是驻兵之所，古称南康圩。据说，秦平定南越后，大批中原汉人南迁，南康一带成为这些人的聚居地之一。由于南康水路交通便利，自 972 年起，逐渐形成了圩镇。明代在北部湾沿海设立“珠场八寨”，南康寨居中，而且成为合浦珠场巡检司驻地。清人梁鸿勋在《北海杂录》中记载:“珠场司属合浦县，其衙署向在南康，土人有称南康司。查道光季年，司官于二、八月抵北巡阅，收取烟规、船头规。迨咸丰五、六年始僦衙署移驻北海。”黄南津在《老街的中西合璧文化》中这样评价珠场巡检司:“北海首次出现了较高级别的政府机构。这也标志着北海从聚居点及简单交易市场转变为城市。”南康镇，竟然与北海形成类似源头的关系，这多少让人有些意外。但想想，也是情理之中的事，历史进程总在变化。

现在的乾江，由乾江街社区和乾江村两部分组成。

乾江街社区管辖的是街区全部，乾江村管辖的是南坡、东边坡、翁田、新村、叶屋、盐坡尾、井头坡、深坭等 8 个自然村。

乾江和很多乡镇一样，曾有过不同命名，也有过不同隶属: 1952 年设乾江乡，属党江区; 1958 年分设圩镇、五一和五四等 3 个渔业大队，属廉州公社; 1961 年属乾江公社; 1963 年属环城公社; 1984 年，圩镇大队改为乾江街，属环城乡; 1995 年改为乾江街社区; 1997 年后属廉州镇。

由此可见，七八十年前，甚至 30 年前，乾江管辖的范围，不只如今乾江街社区和乾江村管辖的区域，至少还包括现廉州镇禁山村、马安村、烟楼村部分。

认真想起来，在乾江辖地这个整体中，乾江街就像是一个区域的行政单位所在地，自然村和街上居住的人们因

2025 年的乾江，俯瞰外水田和养鱼田　陈华倩 / 摄

生活所需到圩镇交往、做买卖。只不过，这个单位所在地不那么大罢了。

从无名到繁忙，从繁忙到沉寂，从沉寂到平淡，平淡中偶尔也有人关注，这岂不就是人生?

历史选择了古合浦港，历史也淘汰了古合浦港。

即使如此，因了开放之气，得文明先风的浸染，乾江也成为北海合浦一带重教之地、商贾之地，而且形成了传承。地处岭南海边的乾江，既深受农耕文化的浸染又充满海洋文化的气息，既持守传统文化又对外来文化兼容并包，既深受家世传家思想的影响又有着时时向大海敞开胸怀走出去的信心。

这样一个默默无闻的小镇，在某一天，当人们揭开遮蔽它的面纱时，其身上凝聚的釉彩光彩夺目，让人感叹。但这样的感叹，对小镇本身而言，意义似乎并没有那么重要。它的安静和落寞，似乎把年代都隐藏起来了。

这种“处世态度”，让我联想到小镇东边的汉墓。那近万座汉墓，在泥土下一直保持沉默，直到近年有一小部分被意外挖掘，才轰动四方。这样的轰动，想必非时人的意愿。

时光如白驹过隙。当铅华洗尽，乾江回归到一个南方沿海普通小镇本身，充满活力又有些破败，也许这个时候，才是最让人倾心的。它渡口关闭，墙壁斑驳，石板路破旧。

小镇的房子文满风雨的痕迹，生活在小镇上的人，面容淡定中流露着丝丝惆怅，不甘听天由命，却又接受寻常平凡的生活。

当我站在小镇边的河岸上，不由得遥想当年百舸争流的情景。站在小镇的旧房子中间，走在破裂的石板路上，望着慢条斯理的父老乡亲，我想到的是，我要以什么样的心情面对他们，又要以什么样的姿势转身，从我出生的这个小镇退出，才能回到现在生活的都市，重新融入飞快变化的生活节奏中去。

这样的矛盾心态，让我对这个小镇萌生了复杂的情绪——和当初离开一样：既决绝又留恋，既留恋又决绝。

我知道这样的情感，是永远也无法摆脱了。

所以，当知道自己有机会以文字的方式，重新返回我的小镇，感受和梳理它的日常时，不禁百感交集。我知道，这是缘，更是福。

转弯拐角

▼我原以为写一本关于乾江的书不难。但是，事实证明，我错了：我与乾江竟然不是水乳交融的关系，而是因熟悉而陌生的关系。

水星街

我原以为写一本关于乾江的书不难。自己生于乾江，长于乾江，16 岁才离开。大多数亲人现在仍然生活在乾江及其周边村落，自己还经常回乾江走走看看，探亲访友。在之前的写作中，也曾写过不少关于乾江的诗文。

这个南方小镇，想来自己再熟悉不过了。

但是，事实证明，我错了。

认真构思之后，很快就发现，自己与乾江竟然不是水乳交融的关系，而是因熟悉而陌生的关系：一年年过去，小镇上的面孔渐次陌生；儿时的习俗难得一见；走在斑驳的街道上，半天遇不到一个熟悉的人；回到老屋，抚摸水星街上的旧墙角，站一会儿，有时竟然恍惚起来，莫名地生起今夕何年的感慨。

从决心写这本关于乾江的书开始，不到半年的时间，我已回乾江不下 10 次。有时是带朋友回去参观，有时是回老屋过节，更多时候，是自己一个人在周末或者下班后悄悄回去，在小巷中走走看看。

老屋与少年　谭瑞军／摄

虽然乾江离北海市区不远，只有 20 千米左右，但半年回去的次数超过 10 次，估计当年和我一起离开小镇到外面读书，然后不再回小镇居住的伙伴们，谁也做不到吧——哪怕有些伙伴就住在距离乾江六七千米的合浦县城廉州镇上。工作、生活、应酬、操心孩子……太多事情占去了我们的时间，“分身乏术”成了我们最常用的借口。

真有那么忙？忙得快要忘记自己生命的来处了？

最近一次回乾江是 2024 年 6 月中旬。

那一次，也是自己一个人。我想回味一下小镇的日常生活。

我习惯性地把车停在小镇西南新井附近的路边，再沿着小时候无数次挑水走过的小巷子，往水星街走。

每次回乾江，除非有特殊情况，否则我都会先回自家老屋所在的水星街，然后再该去哪去哪。

对于我来讲，水星街就是乾江的中心。我的乾江是从这条老街曼延开来的。

水星街的道路是乾江仅存的保护完好、原汁原味的砖石路，宽 2.2 米，全长 180 米，其中原始砖石路长 140 米，道路中间是用石板铺成的独轮车（鸡公车）车道，石板两

水星街

边的砖块采取横排夹竖排的排列方式。这曾是合浦到北海的必经之路，当年是“官道”。经过上百年的车轮碾轧，路面已变得坑坑洼洼，踱步其上，每一步都是满满的历史感。这条路是乾江最古老的街道之一，路两边的店铺沿着鸡公车车道，一路曼延向十字街、大街（乾德大街）、木栏街等处。

回家经过新井的时候，我不由得停下了脚步。井边长满绿植，几条枝蔓贴着井沿，伸到了井中央。明晃晃的太阳光下，枝蔓的影子在井水里微微晃动。侧身探看，井水仍然清澈，井底的石块清晰可辨。

木栏街民居。木栏街靠近江边，过去主要是木材市场，经营从南流江上游运来的竹木、缸瓦器、金银玉器等

在我读完初中的 20 世纪 90 年代之前，这个井仍是乾江人主要的饮用水源。每天天未亮，塘底、郭李屋、大街、水星街，甚至木栏街、后背山的人，都会到这里挑水。新媳妇婚后第一次挑水，一般也到这里来挑。她们的到来，会让井底增加几枚银币。在乾江，人们愿意相信，硬币沉入水底，美满的新生活就开始了。

新井，是一座正四方形水井，最上层由花岗岩石条砌围，下层砌红砂岩砖，井口长宽 1.7 米，深 3.6 米。3.6 米的深度，在一个孩子眼里，很深了。我是快到 8 岁的时候，才第一次到新井挑水。把水桶投进幽深的井水，不是竹钩用力过猛，钩翻水桶，就是压桶太快打不进水。还是和父母同在乾江小学工作的叶耀美老师教了我方法，我才顺利打到了水。否则，这第一次挑水，还不知道要折腾多久呢。叶老师家离新井约 10 米，是一个院子里的三四间平房。她和我母亲一样，当时都是代课老师。后来，她俩都通过考试转了正，成了公办老师。10 年前，她们都退休了。叶老师在乾江街上开了一家幼儿园，我母亲则搬到廉州街，和弟弟一家生活。她们和当年同在乾江小学教书的老同事，隔三岔五就会相约到廉州街喝早茶、唱卡拉 OK，日子过得让人羡慕。

民居一角

不大的乾江街上有大大小小水井不下十口，新井算是比较新的。乾江建于清代的古井就有三口，那些才算名井。

乾江中学（现合浦县第五中学）内的观音井就是其中之一。

清代时，水井处有观音堂一座。观音堂原名接龙观。

所谓“接龙”，形容的是乾江的“龙脉”，本地人认定，来自东山的龙气经过这里，然后蜿蜒南行，结于文山里（乾江圩尾）。观音堂内筑了一口井，自然取名观音井。《重修观音古井记》（合浦县第五中学 2011 年立碑刻记）介绍：乾江古有八景：乾德牌坊、乾体炮台、红白坭城、福甫亭、文武庙、观音堂、古榕、天后宫。除牌坊、天后宫、红白坭城外，其余五景皆在乾江中学内。八景今所存者，唯有古榕。乾江中学诸君，立志传承文脉，弘扬书香，继修复文武庙双楼后，又重建校园八景之际，发掘出昔观音堂之古井，由是重建之。并立观音圣像碑于井之阳，以续昔观音堂法缘。井名曰观音井，意古井清泉源自大士布施甘露所至。辛卯夏，观音井建成，时值合浦县第五中学建校 110 周年，特勒石以记之。

那是乾江狐仙鬼怪传说颇多的一口井。后来，想起在那里读书时既害怕又好奇的感受，甚至还有一些讲不清道不明的感觉，2014 年 5 月 24 日，我写了一首名为《目击者》的诗：

记住她，衣袂如雪，从江面上滑过
记住她，举重若轻，如四月桃花飘飞于露水
记住她，昨日一场经典，从开始上演到破碎

乾江观音井全貌　廖国一／摄

记住她，用力过猛的眼神，切入黑夜
记住她，黑暗中递来的一枚枚新词
温润似玉，却锋利如刀

小有名气的另一口井，叫方井。

小时候，我不知道那井叫方井，我们都叫它“大井”。大井的井水，是乾江所有井中最甜的。而且这口井还颇为神奇：不但井水清冽，而且井水水面总比井旁田里的水面稍高。方井在乾江井头坡村（又称大井村）西侧约 50 米处，比新井稍大，边长 2 米，井圈、井身的形状均为方形，用条形灰褐色砂岩石块叠筑而成。

这口井是合浦县七大古井之一，1993 年被列为合浦县文物保护单位。康熙版《廉州府志》这样记载方井：“在府治南十里，即乾体路旁。其泉甘美，每坛较他净水稍重。”据说，从前的七夕节，廉州城中居民多到方井汲水保存。曾有知府指定差役每天都要到此井取水供其专用，为防止差役作假，还特制方井竹水签，差役到方井取水后，得拿竹水签回去验证。

乾江虽然离大海近，但地表水算不上丰富，在没通自来水的年代，水井在人们生活中的作用不言而喻。井水还孵化出诸般特产，比如乾江沙谷米。

乾江人喜欢煮沙谷米糖水。说是煮，其实是用锑煲（方言中“铝锅”的说法）煲。早上煲好了在桌子上放凉，中午就可以吃了。有一段时间，大家也用另一种省事的方法“煲”沙谷米：量一暖水壶盖的沙谷米，倒进暖水壶中，然后灌满开水，拧好壶盖，两三个小时后就可以倒出来吃了。

晾晒沙谷米

沙谷米的做法不算复杂，但做起来也不轻松。先将状元薯粉和红薯粉按比例配好，放水糅合，再用纱布过滤去渣。过滤好的浆水放在缸里沉淀，沉淀凝固的粉块捞出来晾干。晾干后的薯粉一般保留到四五月份才做沙谷米。制作沙谷米要经过原料清洗、搓擦、翻炒、筛选、晒干等多道工序，最后才选出大小均匀、状似珍珠的薯粉颗粒。沙谷米一般需手工制作，费时费力，进行到搓擦和翻炒等工序时，更是辛苦。正所谓甜蜜都是汗水换来的，真心没错。正宗的沙谷米煮好后爽滑可口，清甜美味，还有清热祛湿的作用。

多年之后，城市的大街小巷兴起了一种叫西米露的饮品，颗粒、形状、味道都和沙谷米大体相似，我很怀疑最先调制出西米露的人是从乾江小镇出去的，或者是吃过沙谷米受到了启发。

这次回乾江，按习惯，我又先回了水星街。

我家老屋在水星街中段，是爷爷 110 年前建的，如今仍然完好无损。水星街上的房子，普遍建筑了一二百年了。这些房子和大街、码头鱼市等老建筑，现在都被列入县一级传统民居建筑群了。

我家老屋，是若干间平房和一幢两层楼房的结合体，宽约 10 米，长约 30 米。楼是当年乾江第一楼——那时，整个小镇还没有两层以上的建筑。

100 多年前就能让老婆孩子住上楼房，怎么说，爷爷也算得上是乾江街上一个有本事的人物。

爷爷何以有本事建这样一幢楼，起初我百思不得其解。难道就因为他开有一间杂货店？显然不是，至少不全是。一间小小杂货店赚的钱，除了养家糊口，估计所剩无多。后来，我才从五伯父和名医苏立民之孙苏名永口中得知，爷爷参与了北海“网门”“箔地”的管理。

“网门”是元明时期开始，由乾体十五户人家合作创办的。“立箔网门”是区别于拖网捕捞的渔业作业模式。苏立柽的《乾江述古》这样记录：

> 乾体渔业，过去有鱼塘十所，淡水养殖收入颇大，但更主要的是海上捕捞。深海捕捞除拖网外，有网门机构。网门为乾体十五户人所创办。十五户人当元明之际，便在北海殖海，至乾隆二年再报经清政府核定鉴碑为证。十五户报垦的海疆，北至倒漏江（即倒流江），南至冠头岭石龟头，东至岸（即北海岸），西至那隆江口（距西场二公里），面积很大。垦殖海域内，普遍建立箔地。现在其中一部分有名称可考的有五十六所，鱼深米 30 石 8 斗，但按现有资料排列推算，估计原有箔地在二百所以上。这些箔地，有如“竹根儿”“大树根”“崩沙口”等已上升为陆地。故乾隆二年时，因海疆逐渐变化，有些箔地荒废，乃改为网门 22 筏。各筏有优有劣，因而拈阄使用，每年农历二月初十日，集中乾体十五户祠

拈阄，其余仍属箔地的，称为小网，则在每年农历九月十五日仍在十五户祠投批。因为作业关系，乾体渔民并迁居海滨，开拓地角。

1989年合浦县地名委员会编纂的《合浦县地名志》记载，最早在乾江定居的为陈姓三兄弟。乾江成圩后，人口增多，刘、严、苏、郭李、洪、郑等诸多大族大姓逐渐形成。大族大户在淳化乡风、稳定秩序、启蒙教育等方面，起到了重要的作用，形成“商农纠纷，郭李氏可判；伤风败俗，陈氏可诫；箔事争纷，庞氏可定；乡事民事，苏氏可决”的传统习惯。至今乾江仍留存七大宗祠，即苏氏、洪氏、麦氏、周氏、钟氏、郭李氏及十五户祠。

从记载来看，网门的范围，包括了现北海冠头岭至合浦西场镇一带的沿岸海域，面积实在不能算小了。为扩大“立箔网门”的作业范围，乾江人甚至把冠头岭下的地角开辟成渔村作为基地。地角镇发展壮大成广西有名的渔业生产大镇，乾江人功不可没。乾江很多人家都有亲戚在地角街上，我们家也有。

北海当时“立箔网门”形成的规模作业模式名声远扬，清朝名臣屈大均在其所著的《广东新语》中，有一篇《插箔》记载的就是这个事：“廉阳自永安至乾体一带，种谷之地无几，濒海居民，非插箔无以为生。然有箔无船，箔又何利。近者关榷印烙海船，蛋人率舍舟楫，致插箔日少。有司者宜于插箔船免其征收，不与诸船纳税同科，庶泽国谋生有藉。然有箔而无船，犹无箔也，有鱼而无盐，犹无鱼也。宜令沿海诸箔，请于皇引，按箔之多寡，以纳盐课之多寡。大约岁中每箔一所，课银五六钱许，俾鱼盐交资其益而不相害，则箔户殷盈，而国课亦因以裕矣。”

这种“立箔网门”的捕养作业改变了乾江人的生产、生活方式，居民收入得以提高，教育经费等也因这些收入而得以领先附近乡镇。从《乾江述古》的相关记载来看，“网门”“箔地”在乾江人生活中的重要性非同一般。

当初在《乾江述古》中读到“箔事争纷，庞氏可定”时，我确实感到出乎意料，甚至有点震惊，但了解更多乾江历史后，也就明白了其中的来龙去脉。也因此知道爷爷能建起乾江第一幢楼房，与这“庞氏可定”脱不开关系。

其实，爷爷建的楼房，高度是有了，但建筑面积跟对面街的苏家比，还是差远了。

我们家对门，是岭南颇有名气的中医世家苏家的其中一处住宅。从他们家走出的医生众多自不用说，教授、将军、官员、大商人也不在少数，读书人就更多了。这在轻商重教的乾江街上，是足以让人佩服和羡慕的。苏家人的事，后面再讲。

爷爷依仗先人留下的家底和自己起早摸黑的辛劳，虽然在小镇上拥有了一间杂货店，一家人得以衣食无忧，但那时家道已渐没落，做的只是小本生意，从老街坊常提起的他的“事迹”可见当时家里底子已薄——

爷爷因怕店里没钱周转，从不赊账。他的“名言”是：救命钱可以暂借，但不赊货，有钱就买，没钱等有钱再买。他的理由是，如果钱在家里，取钱来再拿货，回去，来买货，再回去，往来三趟；而赊货回去再取钱来，回去，拿钱来，再回去，也是三趟。既然都是三趟，没道理赊货。

如今，老楼仍在，虽然外墙全是斑驳痕迹，但内里完好无虞，青砖地板还是当年的青砖地板，实木楼板还是当年的实木楼板，除了楼顶的瓦片换过一部分，其他的，都是货真价实的百年老物件。逢年过节，我们从四面八方回到那里，相聚吃喝，怀祖思远。

多年前，我出版过一本叫《水星街 24 号》的诗集。“水星街 24 号”就是我家门牌号码。

爷爷奶奶在水星街生养了 6 个儿女，膝下的儿孙辈数起，怎么也不下百人，可是现在只有老嫂子一个人住在水星街 24 号了。“风聚云涌，烟消云散。”莫名地，近年来，每次回到老屋，我都会想到这几个字。

站在老屋门口，左顾右盼，中间镶青石板、两边砌青砖的水星街，向东西两头延伸。老街中间的青石路，早被几百年来一辆辆独轮车一次次碾轧，轧出了凹槽。廉州府的官员到北海视察时，这条小道是必经之路。那时，从合浦县城小南门出城，先经县学宫、车沟底、冠带桥、金鸡岭、急公兴学牌坊、烧灰窑、洗鱼水桥、三界庙、高岭、封诰碑、禁山、山边，然后经过这条街道，往西南再经过沙墩、马安、烟楼、叉路、庙山、高德、拉车头、茶亭，就可以进入北海市区了，然后一直可通达北海最西边的地角。

这条羊肠小道穿起过合浦与北海。

几个月前，我也应约回了乾江。

书法家、北海市文联主席刘蒙平老师联系我，说县里组织了农业农村局、文体广电旅游局的工作人员，到乾江古街、烟楼村沿线踩点谋划项目，合浦县政协林主席想约一个熟悉乾江的作家一起到乾江走走，正好我是乾江人，问我方便不方便一起去。

这一次去踩点的队伍，县里、镇里，加上乾江社区、乾江村委及烟楼村委的书记和主任，有十二三人之多。烟楼村距乾江四五千米，是广西百镇千村生态特色文化旅游示范村，大家先参观乾江，然后再去烟楼。

我从北海开车到指定地点时，已有不少人聚集在乾江中学斜对面一幢半新旧的楼门前等候了。

楼房一层的大门敞开着，这家人开了个小卖部，厅堂靠墙立着货架。女老板见我走过来，拉出一张矮木凳招呼我坐。男主人在屋里看见我，也挥手打招呼："吃没，来吃碗粥？"

这家人，男人姓陈，女人姓苏，老熟人了。苏姨讲："昨日见你妈了，身体不错。"廉州街到乾江有公共汽车，

商铺崇兴旧楼

20分钟就到。母亲退休后住廉州，一周总有一两天跑回乾江，她的朋友圈仍在乾江。

人员到齐，考察就开始了。

乾江的街道，主要有十字街、大街、小新街（水星街）、薛屋塘街、文山里街、木栏街、横埕坊街、后背山街等。这几条街连接起来，共同构成了小镇的大街小巷。这次，考察的线路是：自乾江中学起，沿大街往西走，看沿街的

民居、祠堂、店铺；在老电影院处拐进水星街，感受岁月流逝和时光痕迹；转出十字街，到天后宫、码头鱼市；然后到苏氏祠堂、老卫生院、旧粮仓一带，沿塘底路转返乾江中学。这条线路上，除了小镇北面的木栏街、后背山那部分，大致算绕乾江一圈了。

一路上，大队人马的脚步常停留在老建筑前：文兴坊、中屯社、天后宫、电影院、百货大楼、苏氏祠堂、郭李屋祠堂、老卫生院等。他们讲的大多是如何保护，哪里要修缮，什么空地要留出来……我也希望他们的设想不用太久就可以实现。那样，街道会更整洁平坦，破败的房子也将得到修缮。

我一个人走在队伍后面，经过每一个街角、门口，30年前里面住过哪些人，发生过什么事，街上的摆设那时是什么样的，一件一件，一样一样，时不时记起。

乾江老卫生院　华强／摄

天后宫

从水星街转出大街，街口处即是中屯社。中屯社往西走上百来米，就是天后宫和码头鱼市，这一带曾是乾江最热闹的地方。

天后宫和码头鱼市面对面，物质的和精神的相对而立，饱含意味。

天后，即妈祖，又称天妃，乾江本地民众称“三婆”。

据民间传说和文献记载，天妃原为五代时期闽王统军兵马使、莆田湄洲人林惟悫第六女，北宋建隆元年（960年）出生，知人祸福，能乘席渡海，人称龙女。雍熙四年（987年）升化后，常穿朱衣翩飞于海上，所以民间设庙祭祀她，号通贤神女。北宋宣和年间（1119—1125年），路允迪奉命出使高丽，中途遭遇大风，八艘船中有七艘倾覆，唯路允迪乘坐的船因“神女”保佑而完好无虞，于是路允迪出使归来后，便上奏朝廷，皇帝赐庙额为“顺济”。到了南宋绍兴二十六年（1156年），统治者又封其为“灵惠夫人”，绍熙三年（1192年）改封为灵惠妃。庆元二年

在辽阔大海面前，船和人都显得渺小

（1196 年），泉州首建天妃宫（即妈祖庙），于是天妃信仰在民间盛行起来。

官员奉命出使海外，商人出洋经商，渔民出海捕鱼，启程之前，会先到天妃庙祭祀，祈求天妃保佑顺风和安全。到元代，天妃成为全国性的崇拜对象，受到民间和官府的普遍尊奉。元朝政府出于发展南北海运和海外贸易的需要，尊崇天妃，列入国家祀典。明朝永乐七年（1409 年）正月，明成祖下旨，封天妃为“护国庇民妙灵昭应弘仁普济天妃”，庙额为“弘仁普济天妃之宫”，每年的农历正月十五日与三月二十三日，遣派官员致祭。清代朝廷则封其为“天后”。可见祭妈祖是由来已久的传统，也是抚慰人心的习俗。

祭妈祖，安人心，我小时候虽然也知道，但知之甚少，20 岁从海运学校毕业，上船跟班做实习驾驶员时，我才更直接体会和见识到了。

那是盛夏时节的 7 月，分配到海运公司没到一周，我便拿着调令到“桂海 465”船报到了。我们船刚在船厂完成年度检修，重新开始新一轮航海生涯。开航那天早上，水手长通知大家到船头集中，要祭妈祖。收到通知时，我有些意外，公司当时还是国有企业，我自以为是地认为，国有企业不太会有工作要求和操作规程之外的行为。但实际上，船上的事，海上的事，很多时候，是不能用岸上的习惯去衡量的。这一点，学航海的我们在学校就牢记了，只是在上船工作之前知道得不那么具体罢了。

拜过妈祖，船就开航了，满载建筑材料前往厦门港。开航当天，海上风平浪静。船长心情很好，一会儿让做海图作业，一会儿让测水深，把我支使得团团转。但是到了第二天，船长的心情就和天气一样晴转阴了。我们船和台风几乎同时抵达南海中部地区。向东的船头不知不觉沉浮起来，以致后来差不多每次都会钻到海里一会儿，才又艰难地浮起来。

船一路向东北方向驶去。我看到海图上船长画的航线和标注的时间，完全没有避风的意思，不由得害怕起来，不安之感在心里盘旋不去，但只能憋着不敢出声。给我们上航海学课程的李朝梅老师原来是船长，他三番五次告诫我们：在海上，任何情况下，都要相信船长，绝对不能讲不吉利的话，否则就是找死。

大风中，船长一直待在驾驶室里，虽然不像平时那样开玩笑，但神色倒也看不出紧张。作为他的实习驾驶员，他在哪里我就应该跟到哪里，但有时晕浪晕得实在受不了，时不时要跑到驾驶舱外，趴在船舷边一次次呕吐，最后连胃酸都吐完了，只能像死狗一样，坐在高高的瞭望椅上，或者趴在驾驶室窗沿，有气无力地喘着气。船长见我晕成这样，大手一挥："睡觉去！"我还想再坚持一下，但双脚却一点也不听使唤，听到船长"放假"，三步并作两步，一下子就钻出驾驶室，沿着舷梯扶手"唰"地滑下生活区，

天后宫内

跑回房间睡觉去了。大风浪中的所谓睡觉，无非就是四肢贴着木床，躺在床上干瞪眼。风高浪急的海上，想睡个安稳觉，那是不可能的。浪涛拍打船舷的声音，一下高过一下，室内的什物随着摇晃的船体“当当”掉落，人像炒豆子一样，翻来覆去。

等到感觉不太反胃，好像可以站起来了，我又爬上驾驶室。船长还是不声不响，船头还是在海水里钻来钻去。挂在头顶的平衡器指针晃来晃去，一晃就是十多二十度，我都不太敢认真去看。

船长有时也问：“顶得？”

“还行。”

天后宫门口

“顶过去就得了。”

话虽如此，最多半小时又晕得不行了，又要趴到船舷边“看水深还是水浅了（呕吐）”。其实那时肚子里早已空空荡荡，但忍不住想呕吐，不得不又趴到船舷边，“咿咿呀呀”乱叫一番。

我们的船在风浪中整整颠簸了三天三夜后，一觉醒来，发现船舱里的东西不再乱晃，窗外风的呼啸声也平息了。走到外面一看，大海竟然平静得让人难以置信：久违的月亮挂在船头，铮亮得像一个大银盘，海面平滑如镜；一条长长的白白的航迹尾随我们的船延伸；偶尔会看到红红绿绿的灯光从远处的海面上缓缓滑过，那是和我们一样经历了风浪洗礼的船只。远处传来汽笛的声音，差不多同时，我们的船也拉响了汽笛，擦肩而过的大家在互相问候、致意。

在厦门港卸货时，我问水手长："风那么大，不怕吗？"水手长笑了："有把握才开。再讲了，风也不算太大，妈祖会保佑的。"

后来，我随船又到了别的港口，再遇上大风浪，还是会晕船，也难受，但都如船长讲的，"顶过去就得了"。再说，"妈祖会保佑的"。

乾江靠海，百姓多以海为生，又在南流江行船运货，在科技不太发达的年代，人在水上漂，身不由己。毕竟人命关天，信奉妈祖是自然而然的事。

乾江天后宫主要供奉妈祖，也供奉其他诸神，因此会有多个诞期。

除了天妃诞日农历三月二十三日有祭祀活动外，农历六月二十四关帝诞、十二月初八还福诞、二月十九观音诞、六月十九观音成道日和九月十九观音出家日等时间，也都有祭祀活动。

乾江天后宫始建于明代，现在的建筑是清朝同治三年（1864 年）重建的。

一百多年过去了，风吹日晒，改朝换代，各种冲击，天后宫的屋顶脊饰大部分被毁，墙体酥解开裂，桁条架梁因虫蛀而残损，原来的妈祖塑像、神龛等均已不存，原貌破坏严重，但建筑主体还算完整。

近年，出于保护文物的需要，政府出资修葺了天后宫。虽然不复往昔的样子，但毕竟曾经是合浦、北海一带最大的天后宫，它的建筑风格、结构等方面，还是有诸多让人惊叹之处。

天后宫的建筑材料以砖木为主，为穿斗式与抬梁式相结合的梁架结构。院落规格属于三进三开间，平面呈长方形，宽 19.8 米，长 27.89 米。房屋形制规整，沿中轴线排列依次为山门、连廊、前殿、连殿、后殿，其中连廊、连殿左右两侧都设置了小型天井。在屋顶形式上，山门、前殿和后殿均为硬山顶，屋面均为灰砂裹垄，山门前设置廊柱空间。

天后宫大门前檐墙肩绘有以人物、鸟、花卉为主的彩画，壁画边框绘有吉祥纹饰，左右两边对称绘制了两幅以喜鹊与梅花为内容的“喜上眉梢”图。殿内山墙，墙肩饰以黑色“八字带”和墨绘缠枝花卉图案，宫内的方形柱础也有雕刻点缀。前廊设置有一组异形斗拱，用于连接屋顶与石柱，增强房屋的稳定性。

《乾江历史文化探略》中对天后宫的装饰特点进行了总结：

> 天后宫建筑装饰中较有特色的就是其水波纹构件……广西南部沿海，对于水的崇拜要比内陆普遍得

花窗

多，主要有以下三个方面的原因：第一，俗话说得好，靠山吃山靠海吃海，沿海地区的渔业发展历史悠久，百姓以渔为生，对于大海的依赖性很强；第二，沿海地区恶劣的台风天气比较多，狂风暴雨容易影响到沿海百姓的日常生产与生活，人们对于台风暴雨有着未知的恐惧；第三，合浦港早在汉代开始就成为海上丝绸之路的重要港口，频繁开展海外贸易活动，海上贸易的发展使得人们对于海洋文化的崇拜进一步加深。所以在广西的北海、合浦、钦州、防城港等沿海地区的民居建筑上时常会发现有水波纹（或称海浪纹）的装饰构件存在，样式相同，均装饰在墙壁上方、檐口下方，一般都是三层浪花整齐排列在墙壁上，上面两层浪花为独立部件，下面一层浪花在根部有波浪形连接，描绘的是浪花翻涌之时的生动场景。

天后宫的建筑注重天井和门窗的运用，室内采光和通风效果非常好。窗户多是样式讲究的方形漏窗。漏窗又称花窗，窗上有图案，天后宫的漏窗主要是花卉等有吉祥寓意的纹饰。漏窗既可透气又能阻隔从外面看向室内的视线。雕刻工艺细腻精致，又蕴含文化内涵，这样的花窗给人以愉悦、清爽之感。

花窗　刘海松／摄

小时候虽然不懂得审美，但仍然对我家老屋水星街 24 号的诸多花窗喜爱有加：那些花窗有左右开的，也有支揭式的，有杂志一般大的，也有半个门洞大的。我堂妹喜欢编了麻兜装个小碗，碗里种上指甲花，挂在花窗的木格子上。花红木旧，很好看。

由于对研究妈祖文化和岭南古建筑艺术具有较高的价值，这座天后宫于 1995 年 5 月被列为合浦县文物保护单位，2025 年 1 月成为广西壮族自治区文物保护单位。

乾江圩市

踩点的队伍看罢天后宫，走出大门没几步就到了鱼市。

走进鱼市，大家叹惋不已：砖木框架残旧，不少横梁已被虫蚀，吊顶有几处断塌，用以摆卖货物的筑台大多倒塌……但集市依然因其规模之大获得众口赞叹。有人认为可以通过加固、修整，恢复集市功能后，在两边加入风俗展示的内容，打造成一处吸引人的网红打卡点。出主意的人可能是在哪里见过类似的场景。能不能成为网红打卡点不知道，但修整好了，在天后宫门口那片空地上摆卖货物的商贩倒是可以搬到里面去，省得日晒雨淋的。

三四十年前，我是见过集市热闹的。那时百多米长、十余米宽的集市里，满满当当全是摆摊的，有销售海鲜、河鲜、鲜肉、菜蔬的，有阉鸡补锅、卖油盐酱醋的，也有煮沙谷米、卖碗糍的。每天上午，特别是清早，挨挨挤挤全是人。因当时南流江流经天后宫前的支流尚未堵塞，乾江码头仍然在使用，出海回来的渔船在这里卸下渔获，从北海、廉州出发的小货船也在码头进行中转运销。天后宫

鱼市

民居屋顶　庞心宁 / 摄

前面这块场地，久而久之，就形成了以经营河鲜、海鲜为主，兼屠宰猪、牛和买卖猪肉、牛肉，贩卖蛋类、蔬菜及副食品等的集市，当地人称之为“鱼市”。

那时我外婆在鱼市有一个摊位。每天天还没亮，她就从离乾江两公里的盐坡尾村挑菜蔬到市场卖。菜蔬都是自家种的。外婆家有一亩多坡地，我记得长年种有白菜、香芹、芥菜、蒜、豆角、香葱和红薯等。

外公种的葱，说实话，无论是高度还是光泽，一点都看不出哪里与众不同，但就是有很多人买。乾江街居民、廉州街酒店都是固定的主顾，甚至邻近村庄的村民也喜欢买。香、脆、爽口——别人讲的。葱是一年四季都种的，外婆的菜摊，每天卖得最快的也是葱。

那时，上午放学后，我有一项任务：提半锑煲粥去给外婆做午餐。那是我特别愿意干的活。外婆的菜摊对面是卖碗糍的摊，五分钱可以买一碗。外婆一般会买两碗，我和我弟一人一碗。横五刀，竖五刀，用薄竹片把碗糍切划成小块，倒一点点酱油进去，就可以用竹签挑起来吃了。那味道，自然是脆、韧、弹。吃完后，“口齿留香”——书上是这样形容的。

乾体港开辟后，乾体圩是远近闻名的商品集散地，为合浦县最繁华的集市之一。

想象得出，那热闹情景，就像趁圩。说像趁圩，也不准确——它本来就是圩。

乾江集市因渔业贸易而繁荣。有别于其他乡镇初一、十五才开圩或者三日一圩，乾江是日日有圩，从清晨五六点钟开始就人声鼎沸，一直持续到下午三四点才散集。遇上节日，前来趁圩的人会更多。每天凌晨三四点，渔船返回或者鱼贩把海鲜送到后，乾江妇女就会肩挑重担，一路快跑往廉州等处去销售。这叫“赶鲜水”。

乾江形成集市的历史是比较早的，清朝道光年间便有“乾体市”之称。乾江集市不仅汇聚了本地居民，也吸引了附近禁山、烟楼、党江、大云渡、马安、插龙等村，甚至廉州附近村庄的人运送自产农副产品和捕捞的河鲜、海鲜前来贩卖，然后采买生产资料和日用品带回去。

现在，鱼市前是一张寂静的长方形大鱼塘。那里，原来是没有鱼塘的。现在的鱼塘，曾是南流江支流西门江的一段。这一段江水被封堵之前，江边建有码头，海产品经码头上岸，中转分销，北上可往廉州、浦北小江、灵山武利、博白沙河、玉林等地，南下可经由出海口，转抵北海、党江、沙岗、西场、钦州、防城港，甚至到达海南、广州、香港等地。

直到 20 世纪 50 年代，乾江码头还有小火轮开往北海和廉州方向。到了六七十年代，全国掀起“农业学大寨”运动高潮，各地农村都在大力开展造田运动。乾江地处沿海，响应“农业学大寨”的号召，也要增加土地，提高粮食产量。于是人们把江堵了，填江造田。随着南流江这一条分支出海口一带江面被填成农田，乾江因江海之便而发展起来的贸易往来便彻底断绝。失去海河中转功能的乾江沉寂了下来。

乾江圩繁荣时，繁荣的当然不只鱼市，其他地方也热闹。

乾江主要街道有四条，即大街、水星街、十字街、木栏街，街上的大批商号映现了古镇的旧时繁华。四条皆用青砖铺就的街道不算宽阔，各有各的功能。

大街和水星街主要开设与日常生活有关的百货铺、五金店、杂货店等，集中售卖生活用品。这些店铺的货源大部分来自廉州、北海的批发商。有名的商号有新发记、全益、车记、广源、永源、恒源、敬源、协昌、东记、南国、崇兴、琼芳、广和、裕丰、荣丰、共和春、毅兴祥、谦益祥、信和诚、琨隆栈等数十家之多。有经营油盐酱醋副食品的，也有裁缝衣裳的，还有出租花轿操办婚丧宴席的。单是药店就有德升堂、仁寿堂、保升堂、济生堂、同益堂、太和祥、保平安等多家，经营中药材及中药制品，有一些药店还有医生坐诊。

木栏街靠近江边，当时主要是木材市场，店铺主要售卖从南流江上游运来的竹木、缸瓦器、金银玉器等。也有卖洋纱、火柴、煤油的。还有高当铺和矮当铺两家当铺，时有居民用金银玉器、布匹进行典当，换了钱用于经商。

还有染布坊、榨油坊、碾米坊，以及加工金银首饰、玉石、铁器、木材、竹器的铺子，糕饼店、果脯店、腊味加工店等等。圩上加工制作的腊鸭、腊肉，除在本地销售外，还销往北海、海南、香港等地。

圩上人喜欢的牛巴、卤味粉、糯米粥、虾儿籺、炸假蒌叶、沙谷米糖水、芝麻糊等，有的是在固定摊点摆卖，有的则由商贩肩挑手提沿街叫卖。小时候，我最喜欢在十字街口买后背山苏家做的牛巴。

稻米、木薯、红薯、小米、花生、芝麻、豆类、种苗，以及生米糠、瓜果、蔬菜等新鲜的农副产品的交易，主要集中在后背山一带康王庙大榕树附近（现为乾江小学校址）。米行、糖行、蛋行、麻行、柴草行、猪屎行等，也设于附近。

其中，猪屎行可能是现在年青一代无法想象的。在化肥尚未得到普遍使用之前，动物的粪便，特别是猪的粪便，是种庄稼的主要肥料。合浦县第五中学校园内大榕树东北面一带，过去每天一早就有许多拾猪粪或是自己家里养有猪的人，把猪粪挑到那个地方摆卖。农民们拉来木柴、红薯、芋头、花生等卖出后，就买猪粪回去沤制肥料。久而久之，那一带地方就叫作“猪屎坡”了。

卖灰亭也在那附近，所谓“卖灰”，即村民收割水稻后燃烧秸秆烧制成草木灰，挑到圩上卖。草木灰是非常好的

民居室内

农家肥，有些大户人家还专门留出空房存放草木灰，以方便使用。

以前，圩上还开有染布厂、织造厂和机械修理厂等。修理厂租用的居民宅院现在大多还在，只是青砖墙壁、瓦面屋顶都已深深铭刻了风雨痕迹。

曾经的热闹和繁华虽然消散了，但年份久远的街道上，如今还留存有诸多老建筑。这些老房子，不少还是商店，经营木材、肥料、海鲜、农副产品等买卖，做着餐饮、成衣等生意。在街道上走着，目之所及，繁荣的痕迹依然隐隐在望。

三角铺、药店和挥发铺

如果把乾江在二十世纪五六十年代以前的事说成“故事”，那么 70 年代以后的渐变，不少可是我亲历的——比如三角铺和挥发铺的热闹与清静。

三角铺是专卖烟酒副食的店，挥发铺是理发铺。合浦讲廉州话的人把剪发叫作“挥发”。为什么把“剪”叫作“挥”？散文家顾文先生写过关于乾江挥发铺的文章，解释说“挥”字本义为抛洒、甩出。这动词加名词“发”，那真是把理发形容得太形象了。三角铺挨着药店，在挥发铺斜对面，距离天后宫、鱼市不到百米。

在我懂事的时候，三角铺的货架已很老旧了。货架上摆卖的商品琳琅满目，厨房里、餐桌上用得着的都可以买到。铺子的一侧堆放着大包的盐，方便做海的人买回去腌鱼。大小缸中是每家每户天天吃的酸菜、咸菜，墙上挂着的是各种咸鱼、鱼干。经营者是一对夫妻。我读小学一、二年级时，他们家女儿十多岁的样子。最近回乾江，我特地去三角铺看了，没见到那对夫妻，但我认得出店老板正是当年的那个姑娘。一问，果然。几十年过去，她长得很像她妈妈了。

三角铺里总是坐着七大姑八大姨，聊的是家长里短、街头八卦。

那时，我几乎天天去三角铺买东西。有时是打两角钱酱油，有时是买一块腐乳或者半斤盐。父亲的烟也是长年经我手在那里买。当小学校长的父亲，那时抽得最多的是带过滤嘴的“海燕”，两角五分一包。多年后，我有缘用几百张磁卡从一个朋友手中换得七八百种烟盒，其中就有“海燕”的。有时，翻看那些印制粗糙、白底蓝字的烟盒，不由得想起少年时光，想起以前那些人那些事。

三角铺左边是药店，那也是 20 世纪 70 年代末 80 年代初，乾江“闲人”的聚集之地。那时的“闲人”比较多，什么时候经过这里，都见有人坐在店家大门口的长凳上聊天。药店老板叫乜姑姨。他这个名字比较女性化，实际上，乜姑姨是五大三粗的中年男人——乾江街上也有不少叫招弟、带弟的女性，想必乜姑姨的得名也是异曲同工。店里有医生坐诊，有时是易医生，有时是苏医生。苏医生大名叫苏名永，更受欢迎一些——大家都知道他是苏立民的孙子，医术深得祖传。小时候，我每次伤风感冒了，父亲便带我去请苏名永把把脉，抓一剂中药吃。20 世纪 90 年代，他从北海中医院退休后，定居广州，现已年逾八旬。

苏名永的祖父苏立民生于清光绪十六年（1890年），自小潜心于医药，为清末秀才。1912年，苏立民毕业于两广陆军军医学堂，师从新会陈伯坛先生。后来担任过广东省独立旅的军医，少校军衔，三年后返乡，在合浦、北海行医，以善治伤寒、温病和挽救危症而著名。

我读过他女婿庞冠环整理的《橘泉仙馆来苏录（苏立民医案医话）》一书，其诊断之细腻，医案之详细，让人佩服。择其中治伤寒之一例以佐证：

苏锦，男，24岁，合浦烟楼乡人。

初诊：庚寅（1950）年正月廿八日。

三天前感寒致病，壮热无汗，恶寒，虽重衾犹战栗瑟缩，头项强痛，百体拘挛，咳剧胸痛，倚息不得卧，口开气喘，烦渴引饮，下利日数行，下唇焦枯起痂，舌苔厚滑，白而带黄，小便短赤，六脉浮紧。病起于寒冬，症纯属太阳，虽有烦渴、唇焦起痂、尿赤等症，乃表实而风寒束表，郁热不得外泄而然。伤寒本寒表热证。宜温散为主，佐以清热：麻黄七分，干姜五分，五味子六分，桂枝七分，北杏、葛根、白芍、花粉各一钱半，细辛三分，甘草七分。

服后，能睡下，咳减热轻，气顺不喘，口中和不渴，下利亦疏，舌苔脱薄，唇皮回润，脉起色转。表寒得解，里热未清。午后再予下方，清内热，除咳痰：葛根二钱，白前、黄芩各一钱，法半夏、北杏、桔梗、紫菀各一钱半，川连、枳壳各四分，甘草七分。

苏名永是我父亲的少年朋友，现在和我时有联系，经常给我讲乾江的旧人旧事。他记忆力超强，特别擅长聊天。每次坐诊，身边总围着一群人，等着他看完病，好听他上下五千年、纵横几万里地讲古。

挥发铺在三角铺和药店斜对面，是一间宽五六米、进深十余米的店，规模不小。店里有两张两米长的木沙发、六张木转椅，两边墙上各挂一个一尺见方的木框，镶着已泛土黄色的镜子。镜子边，一排木架沿砖缝钉进墙里，装了剃刀、粉、毛刷、剪刀、磨刀石等的布袋子依次挂着。磨刀的帆布用麻绳系着，绑在转椅上。挥发铺里坐着的，大多是邻近村子来挥发的人。也有粮站、电厂下了班的，年老了无处可去的，理完发还舍不得走的，路过门口进来看热闹说几句闲话的，这些人一般文化程度不高。与常去药店闲聊的“同志哥”和读书人不同，他们更随意，聊得更日常些。聊着聊着吵起来也是常有的事。

这三个地方，我印象最深的是挥发铺。店里的挥发佬有六七个，最有名的当然是阿九。在我初中毕业之前，一直给我理发的就是阿九。我想讲讲挥发佬阿九的故事。

阿九是一个哑巴，人称哑九。他在乾江一带的知名度，主要得益于手中那把薄如蝉翼的剃刀。你到挥发铺去，一定会一眼看到他手中那把剃刀，如一抹闪亮的白光在上下翻飞。

世人形容刀子锋利，往往赞其“吹毛立断”。《水浒传》里，走投无路的青面兽杨志要卖的那把刀，因在刀刃上吹过几根狗毛，狗毛无声无息拦腰而断，而被围观者盛赞——好刀！阿九手中的刀，也是好刀。曾有好事者对阿九手中剃刀的锋利程度提出过质疑。本来质疑很正常，但大放厥词，欺负使刀的人口不能言，还拉拉扯扯，伸手要抢剃刀试试，那就不对了。剃刀是人家赖以谋生的工具，是每日亲近的伙伴，哪容玷污。那次，一贯木讷、本分的阿九被激怒之后，猛然推开好事者，气愤地从墙上拉下一块磨过多年剃刀的厚帆布，刀锋掠过，帆布无声地一分为二。阿九把帆布扔到好事者脸上，然后捏着剃刀举至胸前，左手中指急速晃动，以挑衅的姿势示意好事者上前看刀。大家惊得目瞪口呆，好事者连连后退，尴尬而去。

那是我小时候见到过最可称得上壮举的事了！

街上的老人讲，阿九原来不是哑巴。他小时候天天跟父亲走村串巷，帮父亲吆喝“阉鸡补锅——”还曾在炮兵部队服役。听人讲他是当兵时，喉咙被炮弹震坏了。我一直觉得奇怪，被炮弹震坏的应该是耳朵才对，为什么会是喉咙？阿九没讲，大家也就无从知晓。他的剪发手艺是什么时候跟谁学的，他也没讲，大家也就无从知道。其实也没人有兴趣知道，大家更感兴趣的是他的剃刀。阿九摆弄脑袋，从来不用剪刀，不管大人还是小孩，不论脑袋是圆是扁，到他手里，一律剃刀侍候。他长相看起来粗鲁笨拙，手指却异常灵活。阿九剃头发时，左手轻护顾客的脑袋，右手食指和中指夹着剃刀腹部，大拇指外侧托着剃刀后半部，随着大拇指高举低托，剃刀上下左右围着脑袋如一团游走的光。半支烟工夫，阿九突然就停下动作了，然后扯过一条干净毛布，轻拭一下剃刀，入包，绑扎放好。然后才拍拍刚才还在刀光笼罩中的脑袋，提醒人家：完工了！

阿九侍弄过的脑袋，毛发平整，像花大价钱请人修剪过的高尔夫球场。乍一看，顺眼；再一看，舒服！由于阿九侍弄头发只用剃刀，所以他整理过的脑袋，别人想再整理就费劲了，再怎么费劲还是吃力不讨好，再怎么剪，看起来都像该结果的树只是扬花。剪得好看，别人又模仿不了，所以乾江街上的人经他挥过发后，一般都会固定下来，成为他的主顾。我的父亲就是阿九的老主顾，他把我也抱到阿九的理发椅上。小我两岁的弟弟，后来也被父亲抱上了阿九的理发椅。

对每一个走进挥发铺的人，阿九都“喔喔——喔喔——”地打招呼，让人感觉亲切。小时候，每次去理发，我都会和阿九“喔喔——喔喔——”地比画一番，告诉他我想剪成什么样子。他见我也使用和他相同的“语言”，就显得特别高兴，“喔喔——喔喔——”一番后，他先用左手以半搀半抱的方式用力拍我的肩膀，然后才让剃刀在我脑袋上晃动。

1986年秋天，我离开小镇到外面读书。离开小镇后，就再也没让阿九剪过头发了。每次回去，从阿九的挥发铺门口经过，看到他的手仍然灵活如初，心里就觉得很安慰。但是，阿九还是一年一年老了。他的腰不再挺拔，额头也不像当年那么光亮了。有一次，我带一帮朋友到我老家玩时，想把阿九介绍给朋友们，让他们见识见识什么叫“顶上功夫”。谁知到了挥发铺，那里已被装修一新，原来空荡荡的门框挂上了一块差不多有一半门洞大的“美美美容院”的牌子。“美容院”里坐着一个我不认识的少妇，衣着艳丽、描眉画唇。见有人进来，她暗淡瞌睡的眼睛，条件反射一样，闪亮起来。

我问，九叔呢？她像受到了莫大的侮辱一样，有声无气而又怨气十足地回答：“死了！”

其实阿九是搬到大街东路口，在离乾江中学不太远的一个地方继续营业了。有一天，我陪五伯父庞家能回乾江中学参加一个活动，问起阿九的情况。他告诉我，活动完了带我去找阿九。

我们到阿九的理发店时，他正站在一张四方木凳上，往墙上挂一个镜框。那是一张南流江风光的铅笔画。理发店两面墙上都挂满了南流江、出海口、小镇各处建筑的铅笔画。我大吃一惊，问伯父：“他还懂画？”

“会画，他写字也好看！”

好个哑九，把理发店弄得跟画廊一样。

“海上丝绸之路始发港”，阿九指着最上方的一行字让我看，然后在纸上写：还有好多没处挂。

我给了他 200 块钱，也在纸上写了一行字：做画框用。他一点儿也不客气，伸着大拇指冲我晃来晃去，高兴得“喔喔——喔喔——”地叫。

后来，我在《广西日报》上读到一篇标题为《从老人画中读乾江的前世今生》的文章，记者张天韵在文中这样

阿九的挥发铺　谭瑞军／摄

写阿九和他的画廊：

晌午，太阳白晃晃的格外刺眼。我们走进合浦县廉州镇乾江村古圩一间20平方米左右的老理发店，见一老者低头打着盹儿，理发店前后门敞开着，一阵穿堂风吹过，很是凉爽，空气中还泛起一丝淡淡的肥皂水味。

看不出颜色的门窗油漆早已爆裂脱落，头顶上的老式电风扇锈迹斑斑，仅有的两把老式理发椅早已破旧不堪，其中一把还摇摇欲坠，靠着4根木条加固着。而让破旧理发店蓬荜生辉的，是挂满两墙壁的铅笔画，密密匝匝，画的全是乾江过去的故事。

老人见有人光临，立马站起来招呼我们。老人七旬有余，穿着卡通T恤、理着复古“油头”，精气神十足。见记者饶有兴趣地观看墙上的画，他马上拍拍胸脯，随后用粉笔在地上比画起来。原来，这位老人叫曾其强，尚在襁褓中时，因患脑膜炎导致失聪，16岁迈进理发行当，至今已60多年。

十几年前，曾其强老人看见家乡不少人文古迹渐渐消失，心痛不已，决定自学画画，想通过手中的铅笔，将儿时记忆中的乾江画下来。十几年来，老人一共画了上千幅铅笔画，乾体港昔日中外贸易繁华景象、古圩街井、乾体牌坊、烽火台、古榕树……在老人的笔下生动再现……曾其强老人画得最多的是乾江村古圩。据史载，这里是海上丝绸之路始发港之一的乾体港所在的最早行政建制村……

我这才知道，他是儿时就因患脑膜炎而失聪了。

后背山那一带

二十世纪七八十年代，乾江热闹的地方，是后背山那一带。乾江小学、百货大楼、邮电所、爆竹厂、租书铺、康王庙都在那里。那些建筑如今还在使用，虽然改变了用途，但旧时痕迹仍清晰可见。

那时的百货大楼无疑是最热闹的。那是一座长百余米、宽二十来米的一层仓库式建筑。1980 年前后那些年，我在上小学，每天放学经过，都看到那里人来人往。那个时候是计划经济时代末期，商品比 60 年代丰富那是肯定的，但各类商铺还不像八九十年代那样到处都是，那会儿市面上的商品，一般只在百货大楼里摆卖。尤其是大件的、贵重的生活生产用品，比如自行车、衣车、手表、挂钟，以及农业生产工具、物资，犁、耙、化肥、农药等。刚从环城农中毕业的小舅，是外婆家的主要劳力，他经常从盐坡尾村出来，去百货大楼买化肥。我和弟弟都喜欢跟他去逛百货大楼。

百货大楼有一个专柜是卖图书和文具的，那是最吸引我们的地方。1980 年过年的时候，我用一块多钱在那里买了第一本小说《隋唐演义》。那时，一块钱对于我们来讲，那可是巨款。每年过年，吃过年夜饭，母亲都会给我们发压岁钱，三年级之前是 1 元，三年级之后是 5 元，初中后涨到十几二十元，那时父亲和母亲的工资也涨了。压岁钱是我和弟弟过年时可以使用的主要款项。之所以说主要，是因为平时我们也还有些“其他收入”。

合浦是传统的爆竹之乡，那时乾江街上的家家户户几乎都做跟爆竹有关的活。我们家做的是搓细炮筒。搓炮筒要用炮凳，可以两个人共用一张。我的任务是每天放学回家搓三并小炮筒，一并约 300 支，搓一并小炮筒可得 5 分钱，超额有奖。如果不懒，我每天可以多搓一并半并的。周末，我的任务是 8 并，我一般会搓到 10 并，然后再做作业、跑出去玩。一天天下来，手里积的钱虽然不多，身边总还是有两三角钱。只是这两三角钱，一般都在周末花到百货大楼对面的租书铺去了。

租书铺是姓易的人家开的。他家女儿是我同学，但同学也没用，小人书 1 分钱一本，小说 2 分钱一天，明码标价，童叟无欺。小学还没毕业，我差不多把他家的书租了一遍——本来也不多，只有小人书和小说各一架。我后来从事文字工作和喜欢写作，可能就是那时埋下的种子。

那时我们一帮教师子女经常一起去租书看。如果是租小人书，我们租了马上跑回学校宿舍，由租的人拿着翻，大家挨在一起看。租了小说，我们会快速地读，然后交换着看。一本两三百页的书，第二天归还时，至少有三个人读过。当年一起读课外书的伙伴，如今分散在大江南北，时常还有联系，聊起小时候的事，一个个兴奋如少年。

邮电所是少年时的我们觉得特别神秘的地方。邮电所除了寄信邮物、征订报刊，还可以发电报。电报这东西，在战争片里威力巨大，信息瞬息可传千里。我跟父亲去邮电所发过电报，发给在广东电白工作的四伯父。父亲先在电报纸上写了十几个字，然后交给邮电所的工作人员，于是伯父第二天就回来了。我到乾江中学读初一的时候，邮电所搬到了中学东门对面。老邮电所小楼仍在。今年过年时，我和家里人去电白探望四伯父，聊起旧事时，他还问起乾江老邮电所，知道老房子仍完好，老人家满脸欣慰之色。

邮电所发电报用的是莫尔斯电报码，这是我读海校之后才知道的。我参加过一期电信培训班，还因此得以在海岸电台工作过两年。在海岸电台做电报员是一件无聊但不容易做好的事。有时无聊了，我会随手调波段，听听别人都在忙什么。有时按在电键上的手指“一不小心”也会把一串信号敲出去。作为无线电作业人员，没有指令的乱动乱发算违规。这个道理谁都知道，但是天天面对漫天飘荡的信号，估计没有几个无线电人员没违过规。有一次值下半夜的班，到了凌晨三点，我实在困得不行了，向虚空拍发过这样一句话："亲爱的外星人，你好吗？"没几分钟，电台里竟然隐约传来不知道是哪个比我更无聊的电报员，用不甚规范的手法发来的信号："地球人，你好。"

做过这职业的人都知道，我们所处的这个世界、这个地球，几乎没有一点空隙，全被电波充满着，而我们要做的是，在满世界强弱不一、频道不同的"嘀嘀嗒嗒"里分辨并寻找呼叫自己的那一串声音。

粮仓那边

“粮仓那边”，指的是粮仓那一带，并非专指粮仓，粮仓只是其中一部分。

乾江粮仓一字排开，间隔一米多到三米不等，是规格相同的 4 座，均为直径 8.6 米、高 5 米，墙体厚度为 45 厘米，门高 2 米、宽 1 米。每个粮仓大概能装 50 吨粮食。粮仓的墙体为圆柱体，接近圆顶处设置有 3 个通风窗，屋顶中央也设有通风罩。乾江粮仓规模不算大，但影响力却不小。

交公粮那些年月，每年 6 月、10 月，附近十几个村庄的村民收割晒干稻谷后，第一件事就是车拉肩挑，带着公粮往这赶。

那时，外婆家负责交公粮的是舅舅阿十，他在前面拉着板车，舅妈在后面推。每次我都跟他们去看热闹。确实够热闹：挑谷篓的，拉板车的，推鸡公车的，用单车搭的，都有。收购的时间就那几天，过秤、登记、结算用的都是比较原始的方法，大秤砣称斤，算盘计算，账本登记，出纳点钱。收一个，没有十分钟完不成。没轮到的，排队等着，人也就三五成群地聚在一起，抽烟，或者聊天、斗嘴。

我们讲的粮仓其实是粮所的仓库，收购粮食的活由粮所工作人员和县粮食局派下来的人员共同负责。

粮所的人平时的主要工作是给城镇户口的人提供粮油。乾江街上的居民大多是非农业的城镇户口，国家每月给予配售 28 斤大米，1 角 3 分 8 厘一斤，还可以定量购买国有粮店里的平价食用油。这点粮油，现在看来不值一提，但 40 年前，这几乎就是全部口粮了。这点粮油不多，但非农业户口的人，不用面朝黄土两脚泥，月月有“公粮”吃，在那个年代是让人无比羡慕的，农业户口的姑娘都希望能嫁到城镇户口的人家。在我十岁之前，母亲还是农业户口的民办教师，我和弟弟的户口跟她，挂在盐坡尾村外婆家。那时我和弟弟名下都有 8 分水田、1 分旱地。

农转非的途径有提干、顶工等，考上中专、大学是一般人农转非最重要的渠道。小时候，父亲不止一次教训我和弟弟：“你们是农业户口，一定要认真学习，考上中专、大学，否则要一辈子插秧种田。”父亲是小学校长，算是镇上视野比较开阔的

乾江粮仓

人，对于户口没多大偏见，否则也不会与农业户口的母亲结成夫妻。母亲通过考试，从民办教师转为公办教师后，我和弟弟也跟着农转非了，但那时市场经济开始了，没几年，城乡身份的区别逐渐被打破了。特别是到了20世纪90年代后，不管是城里人，还是乡下人，随便你是谁，什么户口，只要拿着钱到市场上去，不仅粮油，想吃什么就可以买到什么。到如今，家里没米没油了，又懒得出门，打个电话，粮店油铺立马送货上门。

在“粮仓那边”，其实郭李屋的占地比粮仓更大。

那一带的居民姓郭李的居多，郭李在乾江是大姓。“商农纠纷，郭李氏可判”，在教育上，他们也做出了特别大的贡献。当年，郭李家族建的秩序小学堂，为乾体学堂提供了主要的生源，乾体学堂的创办与建设、学校的管理、师资的壮大，都与郭李家族的鼎力支持分不开。

郭李祠堂以前就曾用作合浦粮食局乾江粮所。

据郭李氏内部资料记载，祠堂始建于光绪十九年（1893年），用于祭祀、贮谷、议事之需，是尊祖、敬宗、事亲、睦族的场所，也是族人交流的纽带。因祠堂落成时正厅为“天秩堂”，因而他们开

乾江郭李祠堂　隋华／摄

办小学时就取名“秩序小学堂”。秩序小学堂于 1902 年正式开课，学制为三年，不仅招收族内子弟，动员女孩上学，同时也招收了附近的适龄儿童入学。更难能可贵的是，郭李氏祠免收学生一切费用。

我生于 1920 年的大姑就得益于秩序小学堂，成为乾江最早入读新式学校的女学生之一。

郭李祠堂是明清风格的建筑，三进三出，分门厅、正厅、后厅。现正厅已被拆毁，仅留有门厅、后厅和左右两厢房。郭李祠堂的正门门楣上有一块花岗岩石刻，上有“郭李氏祠”四个遒劲有力的阳刻大字。大门两侧有一副对联：“东国家风远，西陲世泽长。”

郭李这个姓氏并非欧阳、上官、皇甫、诸葛等那样的复姓，而是两个姓的结合。

根据郭李氏的族谱记载及家族口头传承，该家族始祖为郭音舆，原籍福州府福清县瓦子街猪屎巷，明洪武二十四年（1391 年）来到廉州府合浦县，承继杨家山杨光祖产业。初到时，有宗支源流记录，后来在世乱逃散中遗失。明崇祯二年（1629 年），他们曾再编修宗谱，但该宗谱业已不存。郭音舆子孙中的一支繁衍到第七代，大约是在明万历到清康熙年间，有郭氏五兄弟分别移居五地，郭大纪移居乾体，郭大叙移居独江，郭大秀移居菅埇，郭大伟移居灵山，郭大熙移居龙门。其中郭大纪因无所出抱养了一个异姓男孩李心朗。李心朗生于康熙七年（1668 年），随其生父从广东吴川来到合浦。族谱记载：“心朗公祖一生善待父母，友爱兄弟，待亲友以敬，处乡邻以和，在当时莫不啧啧称道，谓吾祖孝友忠信人也。”自此，“郭氏改心朗李氏繁衍”。于是“郭李”这个独特的姓氏产生了，传承至今已十三代。“郭李”这一姓氏，既不忘郭姓先祖养育恩情，又牢记身上流淌着李姓血脉。

“郭李氏”是由“郭”和“李”两种姓组合而成的双姓，双姓是一个新的姓氏，并非复姓。有学者把这种两个单姓组成的姓氏称为“合姓”。

类似“郭李”这样的姓氏，既可以看到宗族意识和宗法制度的作用，也可以看到那个时代的某些风俗心理和伦理道德观念，为后人研究传统家庭史提供了特殊的研究角度和样本。

社 庙

沿着水星街往西走，出了街口就是中屯社，再往左就是三角铺、挥发铺、天后宫和码头鱼市了。

乾江曾有八社六庙。社的范围，即过去的行政区域。八社为文兴、中屯、中兴、里仁、厚福、兴贤、永庆、东兴社，其中以文兴社建筑为大，除殿堂外，还跨街结拱，屋宇轩敞。六庙是天后宫、龙王庙、接龙观、文武庙、康王庙和三婆庙。社现在基本还都留存，庙现只存天后宫、文武庙和康王庙了。

天后宫现为自治区级的文物保护单位，在乾江所有庙中，它的建筑规模最大。

文武庙为清代建筑，文庙祭祀孔子，武庙祭祀关羽。文武庙现已不存，仅留两楼，即现在合浦县第五中学校内的东西两楼。东西两楼原为文武庙前两栋相向而立的阁楼建筑，两楼相距 15 米。西楼用来供奉吕洞宾，因而也有人称西楼为“吕仙阁”。东楼用来存放经书，故称藏书阁。

接龙观又叫观音堂，地址在现合浦县第五中学内。观

乾江东楼

乾江西楼

音堂还在时，前祀真武帝，配祀十八罗汉，后祀观音，观音对面有护法韦驮。设有藏经阁，有女尼在此修行。

龙王庙在现乾江小学一带，20 世纪 70 年代尚存庙的地基、地面石板等。庙旁为十五户祠，庙前曾有字纸亭，上塑八字：敬惜字纸，功德无量。门前建有戏台，节日会唱戏以示功德。

龙王庙东北是道教场所康王庙，经过修复和重建，是现在唯一一处时常有活动的庙宇。

相传康王是康王真君，即康元帅。康元帅原名康保裔，河南省洛阳人，将门出身。宋至道三年（997 年）任龙捷指挥使，抗辽中屡立奇功。北宋景德元年（1004 年），于河间与契丹死战，兵尽矢绝，为国捐躯。宋真宗追封其为侍中，宋钦宗追封其为“康王真君”，并倡议设庙宇供奉。民间敬重、崇拜忠肝义胆的忠臣义士，康保裔于是被列入神位。南方很多地方都设有供奉康王的庙宇。乾江康王庙主要供奉康王，同时还供奉四海龙王、天后娘娘和三婆婆。祭祀康王的时间是农历七月初四至初七，祭祀当天早上要请法师敲击晨钟，祭祀结束后要请法师敲击暮鼓。祭祀时民众烧香行跪拜礼，供奉水果、零食等，祈望康王保佑全家身体健康、出入平安、财源广进。

祭祀康王与祭祀其他神仙的供品和过程大致相同，最大的不同是祭祀康王的供品中不能有鸭子。小时候听大人讲故事，说当年康王大帝失足落水，无法自救，险些丧命，正好有一只鸭子从身边游过，把他救上了岸，康王感念鸭子的救命之恩，于是不接受鸭子作为供品。

乾江民间供奉关帝，曾设有关帝庙，现已不存。

乾江以前还供奉北帝、华光大帝、文昌帝君等。

北帝全称北方真武玄天上帝，是统领北方、统领水族的道教民间神，是道教水神。百姓认为水从北方来，北帝控制水源，故信奉北帝。

华光大帝又称灵官马元帅、三眼灵光、华光天王等。民间把他视作火神，立华光庙专门奉祭，祈求免除火灾。《合浦县志》记载:“打铁、补镬、厨师尊奉华光大帝（火神）。”

文昌帝君，也称文昌星、文曲星，或文星。乾江自古就是教育兴盛的地方。人们供奉文昌帝君是为了祈祷其保佑学子们考取功名。

由于现在庙宇大多不存，乾江当地居民就把北帝、华光大帝、文昌帝君与本家列祖列宗同设在一个供堂。

广西沿海地区是佛教通过海路南传进入中国的主要门户之一，乾江也受佛教影响颇深。观音菩萨、文殊菩萨、普贤菩萨、韦驮菩萨等，都是乾江百姓尊崇供奉的神仙。

乾江有做社的传统。

古人认为土生万物，按民间习俗，每到播种或收获的季节，农民要立社祭祀，祈求或酬报土地神。古代的人把土地神和祭祀土地神的地方都称作“社”。社神源于古人对土地的崇拜，从上古开始，社神就成为祭祀系统中的祀典之神。社有专辖之区，所以“社”也称“坊”，社坊各有专名。明清以后，基层行政区划都以社、坊命名，可见祀社之俗源深而域广。

乾江八社中，大部分房屋已移作他用，或者已毁坏。虽然近年来民众做了修复，也不复过去规模了。

乾江的“社”分春社和秋社。春社在农历正月初二，俗称“土地诞”。春社之日，各社（坊）群众照例集资购买生猪宰祭，也有自备三牲附祭的，都是向所在区域的社神祈求平安。祭祀后，由首事主持把猪肉按出资户数均分，必须做到把瘦肉、肥肉和猪杂搭配得至公至平，谓之“分社肉”。乾江的秋社在农历八月初二，是祭祀土地神的日子。如今，乾江做春秋两社的风俗，虽然比以前有所减弱，也有一些人不参与做社，但是到了做社这天，因为祭祀和分社肉，各社还是比平时热闹许多。

我们水星街的居民在中屯社做社。每年到做社时，老伯父大清早就从北海搭车回乾江了。与其说参加做社，不如说他是想回乡凑热闹，寻找过去的记忆，找老街坊见见面、聊聊天。我家老屋离中屯社也就百十米距离。老伯父会一上午都待在那里，和社头聊天，看他们分猪肉、分包子。来来往往的都是熟悉的街坊邻居，祭拜是仪式，聊天也是正事。

中屯社

用廉州话讲出恭敬

乾江离合浦县城廉州很近，居民多讲廉州话。乾隆版《廉州府志》称廉州话为“廉语”，是粤语在钦廉一带的代表性方言，主要流行于合浦县的廉州、党江、沙岗、西场、乌家、星岛湖、石湾、石康、常乐等镇，闸口、白沙及北海市铁山港区的营盘、南康等镇的少部分地区也有人讲廉州话。其中，石湾、石康、常乐等镇的人自称讲的是“麻佬话”，营盘镇的廉州话又叫“瓦话”。北海的高德、地角、电建、福成等地也有不少人讲廉州话，浦北县南部，钦州市犀牛脚镇、东场镇等，灵山县部分地方，防城港市企沙镇和光坡镇部分地区，博白县部分地区也有人讲廉州话。

除了语言，乾江的生活习惯和民风民俗也与廉州大体相同，一年四季有着连续的恭敬，嫁娶旧俗显出约定的规矩。

/ 岁时节令 /

正月伊始

大年初一这天，在乾江完全是用来休息的。这一天家里不再像除夕那样忙碌了：不能宰杀牲畜；除了青菜，一般也不会再烹煮新的菜肴。这一天不挑水——除夕夜挑满缸了；也不打扫——一年的新气象不能在这天扫地出门，一切等大年初二再说。这一天孩子最高兴，平时不敢玩的都尽情地玩，反正父母一般不会在这一天责骂孩子。这一天也属于大人自己，还不用去拜年。

大年初二开始，父母便要带孩子去外公外婆家拜年了。

不过，初二这一天，最有仪式感的还是新姑爷到岳父家拜新年。大清早，新姑爷家中就准备好拜年的烟、酒、鸡、鸭、鱼之类。除此之外，大笼糍是最重头的礼物。拜新年没有大笼糍是会让别人笑话的。大笼糍的主要原料是糯米粉和糖，配料有柏枝、芝麻、红枣、黑枣等。柏枝、芝麻和红枣、黑枣用来装饰、点缀，也取节节高升、长青、长寿之意。我小时候曾见过外婆家为舅舅拜新年做大笼糍。外婆担心自己做不好，还特地请了村里的五公到家里帮做。记得五公先用一个大锅煮糖水，糖水开了，把和好的若干糯米团放到糖水里煮熟，将煮熟的糯米团放进盛着生糯米粉的盆里搓揉，揉得生熟均匀、软稀刚好之后，再倒进早已准备好的竹笼子里，再把竹笼子安置到大锅里，加足柴薪蒸煮数小时。那次外婆家里做的大笼糍直径足有两尺，半尺厚，想来怎么也有三十几斤。

到了岳父家，新姑爷带来的礼物要先抬到祖公屋，岳父会告诉祖宗，是哪位姑爷回来拜年了。这一天，岳父家会开桌请客，家里的兄弟姐妹当然不能缺席，左邻右舍和熟人、朋友也要邀上，谓之请姑爷酒。一般新姑爷拜年的第二天，岳父的兄弟也会在自己的家里请新姑爷做客。如果岳父家的亲戚多，和亲戚的感情又好，那会一家接着一家摆酒置席，新姑爷得连续几天“奋斗”在酒桌上。请酒罢了，新姑爷要带老婆回家了，岳父一家人会为新姑爷准备带回去的礼物——鸡、鸭、酒以及各种土特产，不一而足，最关键的还是大笼糍。无论如何，大笼糍是一定得给新姑爷带回去的。新姑爷带回去的大笼糍也有讲法：如果新姑爷带来的是两个大笼糍，那就拿其中一个分给本门亲戚、朋友，另一个让新姑爷带回去；如果只带来一个，那新姑爷得带一半回去，讲究的是有来有往、同喜同贺。至此，新姑爷拜新年的礼仪才算落下帷幕。

二月十九·观音诞

农历二月十九日，乾江居民以糯米糖饭拜观音，表达敬仰和感激之情，很多人家至今依然保持这个习惯。

三月三·做鸡屎藤糖水

鸡屎藤是一种中草药，可以祛风、活血、止痛，三四月间进入生长的盛期。农历三月初三为上巳节，这一天，家家户户都会做鸡屎藤粑。

鸡屎藤、三叉虎拌米捣成粉，用少许糖水和成团，制成粉条状。三月初三的早上，天还未亮，家家户户就把煮好的鸡屎藤糖水端上餐桌了。

据说吃鸡屎藤可以驱虫消食，将鸡屎藤悬于门首则可以保平安。

关于保平安，还有一个传说。

据说黄巢于农历三月初三起兵时，群众因听到官府“黄巢要杀人八百万”的警告，纷纷逃难。有一日，黄巢看见逃难的人群中有一个妇人，她怀里抱着一个大男孩，手中牵着一个小男孩，急匆匆地跑。黄巢看不顺眼，认为这妇人爱大欺小，欲处置她。于是黄巢拦住妇人责问：“你这妇人为何抱大的、牵小的？”妇人答道：“大男孩是我侄儿，小男孩是我亲儿子。”黄巢念其德行高尚，嘱咐她回家去，不要再逃跑，并对她说：“回家后将鸡屎藤悬于门首，就没事了。”然后，黄巢传令，有鸡屎藤悬于门首者，士兵们均不得骚扰。妇人回到家中，不但按黄巢所说的做了，还将此事告诉左邻右舍。消息一传十，十传百，于是全城群众都在门首挂上鸡屎藤，结果全城都平安无事。此后，三月初三这日悬鸡屎藤于门首就形成了习俗。

四月·清明

各地与清明有关的习俗主要有禁火、扫墓和祭祖，还有踏青、荡秋千、打马球、插柳等活动。在乾江，过清明节的程序就简单多了，一切活动围绕扫墓和祭祖进行。清明扫墓的内容大同小异，但是扫墓的时间，有清明前后之分，清明前祭新坟，清明以后扫旧墓。祭过新坟的人家，这一年就不再扫旧墓了。祭新坟的时候，故亲旧交已一起祭请了。扫墓祭祖时，三牲是必须准备的，坟墓要修整一新，墓碑须重新描红。祭罢，压好坟头纸，燃放鞭炮。

五月初五·端午节

乾江端午习俗深受广东影响，赛龙舟和包粽子是最传统，也是深受欢迎的项目。

本地人把赛龙舟叫作“扒龙船”。渔民们笃信一年一度的“扒龙船”会使海情平静，有利于捕捞丰收。端午那天，如果要举行“扒龙船”比赛，海边和南流江上肯定是锣鼓喧天，人声沸腾。比赛一般安排在端午节下午两三点钟开始进行，奖品有烧猪、米酒、活鹅等。

端午包粽子的习俗，在我国的大江南北倒没太大差异，区别主要在于原料。乾江包粽子一般用柊叶，主要原料是糯米和腌好的猪肉等。作为海边人，也有人用虾仁、鱿鱼等作为原料。粽子是应节食品，同时也是赠送给亲友的礼物。做好的粽子，用红绳系着送到亲朋好友家里，祝愿亲朋好友平平安安。

七月七日·乞巧节

乞巧节是汉族传统节日中最具浪漫色彩的一个节日。这一晚，妇女们穿针乞巧，端出果品，礼拜七姐，仪式简单却虔诚。

传说在七夕的夜晚，抬头可以看到牛郎织女在银河上的鹊桥相会，在瓜果架下可偷听到两人在天上相会时的脉脉情话。这些都是我们在儿时常听大人讲的。

说来也怪，七夕当晚，也不定在哪个时候，一般都会下点小雨，据说这是牛郎织女的泪水。他们的泪水落到人间，就成了药。很多人家都用瓦瓮装盛这一晚打来的清水，封存好，以供日后饮用或作其他用途。

七月十四·鬼节

这差不多是一个用来安慰自己、平衡内心的节日。

相传每年七月，阎王都下令大开地狱之门，让地狱里的冤魂厉鬼可以到处游荡，享受人间的施祭。

农历七月十四日，寻常百姓家例行过“鬼节”。过节当天，家家户户杀鸭杀鸡（相传鸭能凫水负衣纸过奈河，故在牲品中，人们往往宁可舍鸡而必备鸭），整只煮好，与烫熟的整块猪肉一起平列摆放在木托之上，这三样东西称“三牲”。有钱人家也有凑成“五牲”的。“牲”加上茶、酒、饭，就配成了完整的祭拜“牲头”。人们点燃香烛，供奉于祖宗牌位前，由家中年长的妇女带头跪拜。领头的妇女跪拜后，站到案台旁边，嘴里念念有词：“祈求祖先低头饮酒，高头保佑，庇佑一家老小平安健康，做生意的发达，读书的聪明伶俐……”其余各人在这连绵不断的祈福声中依尊卑和辈分先后跪拜。跪拜完之后，燃烧纸钱冥品，“请祖先领用”。之后，把祭品搬到大门外，相同的程序再进行一遍——这是为有姻亲关系的“外鬼”而设的。“内外”都“请好”之后，点一封鞭炮，恭送鬼神上路。鞭炮点燃，整个请祖祭鬼的流程暂告一段落。

晚饭照例是一家人团聚。这顿饭，一般只有家庭成员，不邀请外人。懂得风俗习惯的人，在这个时候也不会登门造访。鬼节请的是鬼，谁会轻易在这个时候到别人家登门或者吃饭呢?

晚饭之后，有些老人还进行“施幽活动”：再备一副小牲品，摆放于托盘之上，燃香点烛，在大门外向游魂饿鬼施祭，烧纸钱冥品供其领用。同时将牲品米饭等物送给孤儿、流浪汉。末了将绿豆芽、葛薯丝、饭菜等物，甚至将米、铜钱撒往门外施阴济阳。到此，整个鬼节的活动全部结束。

八月十五·中秋节

是夜，家家拜月、赏月、品茗。用于拜月的有月饼、柚子、芋头、香蕉、柑子等果品。一些小孩则在空地上用瓦片、碎石砌成小塔，然后将柴、木屑放进塔内燃烧，待塔身烧红，将生盐撒上塔身，使其发出哔剥之声。此谓烧塔。中秋节，很多地方都有烧塔的习俗，这愈烧愈旺、锦上添花的活动，与佛事有关，是为了“建功德”，以得到“施福扶财”的保佑。

十二月二十四·送灶君

民以食为先。灶君管百姓吃食，在民间诸神中，灶君理所当然成为一个重要角色。但灶君到底是什么样子的神，只有天知道。

《淮南子》述“黄帝作灶，死为灶神”，把灶神说成是民族祖先的化身；而《酉阳杂俎》说“灶神名隗，状如美女”；道教则称灶君为“东厨司命”。

唐朝罗隐和宋朝范成大分别作过关于祭灶的诗，对灶君的工作有大致相同的描述。

罗隐写的是：一盏清茶一缕烟，灶君皇帝上青天。

范成大写的是：古传腊月二十四，灶君朝天欲言事。

据说每年的十二月二十四日，是灶神一年一度上天奏报人间善恶的日子。为给家人祈求平安，祈求来年丰衣足食，合浦一带的人便在灶君上天的前夜，向灶神朝拜以求庇护。其中，祭品中的草料是特别为护送灶君上天的神马准备的。

除夕·做年

除夕，俗称大年夜。这一天，房屋要打扫干净，水缸要挑满水，门口要贴春联，然后用三牲祭祖，是为做年。吃罢年夜饭，放烟花、观焰火。一整晚，孩子老人听“老鼠嫁女”之类的故事。守岁至午夜，父母给孩子派发压岁钱，然后鸣放鞭炮，辞旧迎新。

/ 嫁娶旧俗 /

乾江旧时讲究媒妁之言、父母之命，时有包办婚姻的情况。经济条件上信奉门当户对、家境相当。

订婚

订婚称“文定纳彩”，俗称“下定”。由男方选定良辰吉日，通过媒人给女方送上定礼。定礼包括礼金、烟、茶、酒、圆蹄（猪脚）、鸡、鸭、布匹等物。作为答复，女方把女儿年庚和生辰八字回给男方，送男方一对小鸡，并退回部分礼品。这一来一往，婚事就算确定了。待男女双方到了十七八岁，再举行婚礼完婚。

也有特例叫“鸡对带”。即贫苦之家唯恐儿子长大后无法娶妻，把女孩子自小带回男方家抚养，即所谓“童养媳”，也是等到十七八岁才举行婚礼。

定亲

成婚日子由男方选择，经女方确认。成婚之日，若正好所选日子忌双方父母，被忌者必须回避，过了当天午夜十二点才能回家。若双方人畜当天患病，便剪下新娘衣角烧成灰，口服以求病愈。成婚之日下的雨，称“咸汁”。传说是因为新人小时候吃饭时喜欢加羹水，所以成婚之日才下雨。

成婚前三天

男方托媒人给女方送礼盒、烟茶、酒肉、糕点、化妆品等，称“上头”。有些地方，“上头”之后，准新娘在出阁之前都不再出门，由姐妹日夜陪伴，唱“哭嫁歌”，怀念父母养育之恩、兄弟姐妹和婶嫂之情，抒发离别亲人之苦。然后由夫妻双全且有生养能力的妇人为其粉饰脸庞，用棉线为其整容“开面”。

男方选定吉日良辰，请夫妻双全、生育有男孩的妇人帮布置新房，吊挂新蚊帐，叫“安床”。妇人得一边安床一边唱“四句”，比如：铺好床头，夫妻恩爱，永远相好；铺好床尾，夫妻和合，早生贵子；床铺平整，夫妻勤奋，百业俱兴；新床新被，夫妻百年，百年齐眉。

成亲之日

大喜之日，男女两家均张灯结彩开酒席，男方还要请戏班唱戏，接待、宴请亲朋好友。

负责指导婚礼全过程，陪伴新郎迎亲的主持人俗称“大叔”。在大叔的带领下，新郎头戴毡帽、身穿海青色长衫裤，坐着双人轿行在最前面，吹吹打打的八音锣鼓队和抬着酒肉、谷米等“礼担”的“实格队”殿后。一队人马浩浩荡荡、热热闹闹地前往女家迎亲。而梳着凤髻、戴着红花、满头缀珠挂玉、身穿红绸唐装、脚着红色绣花鞋的新娘子，在“新人妈”（女方送嫁主事）的陪伴下，早已准备就绪。待迎亲队伍到来，女家即燃放鞭炮。在鞭炮声中，由新娘的弟弟把姐夫接到正厅去。这一接也有讲究。过门槛时，新郎跨左脚，小舅跨右脚，而且不得踩着门槛。新郎进入大厅后，大叔向新郎介绍岳父、岳母等家中长辈，给女家敬送迎亲礼金、烟茶、糖饼等。品茶、尝糖之后，再由女家辈分较高的长辈陪新郎坐八仙桌，饮酒吃饭。

新娘披上红盖头，由新人妈带引着，拜别祖先，由弟弟送亲，跟着新郎的迎亲队伍到男家去。

新郎把新娘接回到家时，等候已久的家人即点燃鞭炮欢迎、庆祝。在道公“斩白虎”的咒文声中，新人妈扶新娘下轿后，由命好的大姐为新娘扛罗伞，由命好的婶嫂为新娘“结席”，供新娘垫脚通往厅堂。在大叔和新人妈带领下，新郎在左，跨左脚，新娘在右，跨右脚，一起跨过门槛，来到厅堂。然后由大叔主持，请新郎新娘行三跪九叩的拜堂仪式：一拜天地、二拜高堂、夫妻对拜。拜罢，新郎用合扇头揭开新娘的红盖头，亲友们将新人簇拥进洞房。

婚礼过程中，新郎新娘要向亲朋好友们敬烟、敬酒、捧甜茶，其间伴随着派封包、客人封礼（金）、主家上（记）礼簿、回敬礼物等内容。

婚礼后续

新婚第二天早上，新娘在新人妈的陪同下下厨，给公公、婆婆“捧水洗面”，敬甜茶，以示孝敬。作为回报，公公、婆婆回赠封包。

新婚的第三天，新郎得陪新娘“三朝回门”。三朝回门也称“庙见”，目的是让新娘回到娘家，谒祖先，告诉他们，自己嫁给了如意郎君。

/ 挑担入新屋 /

平民百姓拥有一间新房，心里的踏实和喜悦是遮掩不住的，不可能一声不响就搬进去住，无论如何得庆祝庆祝。

挑担入屋是入新房最为隆重的仪式。

首先是选择吉日，然后是贴对联、挂红，将新房子布置一番，最后就是请人帮挑担入屋了。挑担入屋是象征性的仪式，只是挑一些生活必需品进新屋，包含着主家期待丰衣足食之意。

入新屋挑的担子里主要放有谷、米、油、盐、醋、灯等日常用品，以及鸡、鸭等家禽。另还有包子、糕点等喜庆食品。一般是由关系亲近的兄嫂、邻居夫妇帮挑担，担子务必装盛得高高的、满满的，同时撒上“金银”，着上喜色。

选定入屋的时辰到了，入屋仪式由留在新房子里的“门官”隔门主持。门外恭候已久的屋主夫妇举起点燃的火把，领着帮忙挑担的人，一边敲门，一边叫屋里的门官开门。

门官问：谁在敲门？

屋主答：那是带男带女、带猪带狗、带金带银、带福带禄入屋来！

门官听到，并不急于开门，而是在屋里开始说“四句”，说些祝福屋主的吉祥话。“四句”说罢，门官打开大门，迎接屋主。大门打开，屋外帮忙的亲朋马上点燃鞭炮，屋主一行在鞭炮声中跨过门槛，入屋。

在门官的带领下，进入新屋的屋主夫妇举着火把，逐间进入房子，用火把把房间四处都燎一遍。而引路的门官吉祥话不断：“燎什么，燎灾星秽气；燎什么，燎邪魔鬼怪。燎一燎，万病俱除；燎一燎，万事大吉……”各处都燎过之后，火把是不能扔的，要塞到厨房的灶里，然后生起灶火，煮糯米饭。生起灶火叫“开火”，新屋“开火”之后，才算正式入住，才能正式煮食。之所以煮糯米饭，是因为糯米饭黏性大，寄托了主家希望房屋和家庭稳固、长久的期待，同时糯米饭的味道是甜的，代表这家人的生活甜甜蜜蜜。

现在居住条件有了改善，挑担所盛物品也增加了新品，人们依然注重仪式。乾江街上的人家在挑选担入新居的物品时，更注重日后的可用性、实用性，猪狗之类少了，取而代之的是猪狗形状的糕点，村子里的人家却仍保留着原汁原味的入屋方式和挑担物品。

乾江那些人

▼乾江人重视教育。之所以形成这样的传统，是因为乾江地处江海交汇之地，迎四海之风，领文明之气，又受乡贤文化、儒家文化浸润日久。

从夏朝选讲起

一方水土养一方人，乾江人聪明、勤劳、俭朴、诚信，与其他南方人一样，他们也喜欢得闲时喝两杯烧酒、聚在一起聊聊天、看儿女玩耍，过一日三餐的寻常生活。但这并不是说，乾江人就无所追求、碌碌无为了。“仓廪实则知礼节，衣食足则知荣辱”，他们只是个性平和，不太愿意张扬罢了。

在钦廉一带，乾江（勤礼）的知名度并不低，“勤礼婆”更是声震廉郡，名播他乡。后文有专门篇章详述。

廖元仲《乾体赋》说：“古之乾体，风淳俗美，乡贤文化突显其功，儒士教化源远流长。”确实如此，“乡贤文化”和“儒士教化”，在乾江的社会生活中体现得比较明显，在兴教重文这方面更为突出。

乾江人重视教育，这在合浦，乃至两广教育史上，都留下过浓墨重彩的一笔。之所以形成这样的传统，是因为乾江地处江海交汇之地，迎四海之风，领文明之气，又受乡贤文化、儒家文化浸润日久。

廖元仲是合浦（现属北海铁山港区）人，知识分子家庭出身，祖父廖愈簪为清朝举人，其父廖国维中山大学毕业后留校任教，母亲曾学昭曾任《北京晚报》副主编。廖元仲先生有《阴香树》《故乡情结》《心声回响》《榄钱树》《珍珠收获的季节》《黄卷之思》等著作。

清末民初，廉郡文坛有四大才子：廖愈簪（字杏斋）、林朱赞（字赏亭）、刘润纲、谭思孟。其中，林朱赞是乾江人。此四大才子，廖愈簪长于古文，通经史；林朱赞长于诗，熟文论；刘润纲长于策论；谭思孟长于杂学。四人平时多有交往，廖愈簪与林朱赞最为亲密。当时，廖愈簪和林朱赞结伴到广东参加乡试，林朱赞不第，而廖愈簪高中。后来，林朱赞专心在家乡教育及著述，廖愈簪则入法学界，两个人均在各自从事的领域作为不凡。廖愈簪返乡省亲，必邀林朱赞到廉州水洞口小住，品茗论诗，浅酌论文。

夏朝选是乾江一个有记载的兴教重文的标志性人物，乾江民风和文风的形成，与他关系甚大。曾多方收集夏朝选事迹并对乾江历史颇有研究的廖元仲先生，多次向我夸赞夏朝选这个人。

夏朝选，字国度，清嘉庆丙寅岁贡生。他内修品格，外执礼法，德厚而常自省，品高而不自恃，在培育后人和教化乡里方面做出了很大的贡献。他开馆授徒，以身作则，即使是盛夏也衣冠齐楚，常穿一袭长袍，教学严肃，弟子们没有一个敢偷懒吵闹的。夏朝选祭祀先人时，仪容肃穆，饱含感情。他为人正直，处事公正，乡民间有纠纷需要他裁决的，一定主持公道，毫无偏颇；遇上违背常伦、损人利己之事，必当面直言，训斥令其改正。所以，为非作歹者都害怕他，无赖泼皮见到他也肃然起敬。大家都服其理，感其诚，怀其德。在他的影响下，乡里间的纠纷渐少，和气之风渐浓。郡守何天衡，书“俗美风淳”四字赞扬他的德行，并筹款立碑；乾江百姓感念他的品德、功绩，建牌坊作为纪念。牌坊建在古圩东北，正楣书“元亨利贞”，内楣书“乾德大生”，牌门左题“地灵人杰”，右题“俗美风淳”八大字。后来，“地灵人杰，俗美风淳”成为乾江的乡风典范和精神支柱。旧牌坊于抗日战争时期被毁，现牌坊是乡人筹款于近年重建的。

在夏朝选的影响下，乾体教化之礼肃然，谦和之风形成，乡人好学，敬重读书人，也为之后新式学堂、学校的开办、发展，以及日后乾江人才辈出奠定了基础。有清一代，乾体乡间出科举人士多人（其中进士 2 名），“最前为清嘉庆贡生夏朝选。其后入榜者有郭李蕴英、洪毓万、郭李祐、郭李镇、苏汝森、苏汝林、陈濯涟、谢宝树、林朱赞、顾澄洲、郭赓祥、苏景庠、苏廷星等”，皆成为廉郡教化楷模。

重建乾德大生牌坊留下的文字记录

合浦之学堂，始于乾体学堂。光绪二十六年（1900年），乾体乡贤发起筹建学堂，次年建成。乾体学堂成立之后两年，乾体的秩序小学堂、海汇小学堂和峙山小学堂也先后成立。小小的乾江街上，于是有了四所学校。街上还有养正学社，聘请谢宝树先生主帐，上午讲五经，中午讲四书，晚上讲古文或史论。

此外，还有基督教传教士建立的德华女子小学，乡间小有名气的塾师包唐陛、黄焕图、包朱缓、陈元镒、洪以祥等人授徒设的 6 间私塾，再加上杨家山、水尾、圩镇等附近乡村设立的数所私塾，乾江的教学场所着实不少。只是，当时私塾的课程以开蒙为主，也就相当于现在的小学二、三年级的程度。不过，北海市政协文史资料委员会编写的内部资料《北海文史（第十六辑）》记载，清同治至光绪年间，廉州城的私塾只有 4 间，虽然规模比乾江的大，但从数量上看，乾江私塾多于廉州城，结合乾江街区规模小于廉州城，足可见乾江一带的地方文化教育，在当时算得上相当发达了。

后来，乾体学堂改名为乾江小学，后称合浦第一区第一小学，秩序、海汇、峙山三家学堂也改为小学（初小）。

乾江小学一直在办，为乾江子弟提供了很好的学习场所。我和我的兄弟姐妹们都是从乾江小学毕业的。

乾体中学的创办

1942 年，由苏健今、林仲斡、陈濯涟、洪彬洲、陈普耀、苏立民、苏法其等人组成校董会，筹备成立乾体中学。乾体中学成立之初，每年招收初中学生两班。至此，乾江形成了由小学到中学的完整体系，解决了本乡及邻近各乡小学毕业生升学问题。

1951 年，合浦县人民政府改乾体中学为合浦县第五中学，由私立中学转为全日制公办普通初中。1959 年，更名乾江中学（初级中学）。1969—1978 年，成为高、初中完全中学，1979 年后为普通初中。2005 年，乾江中学改名为合浦县第五中学。

乾体中学的成立和发展，有着鲜明的时代痕迹。它的创办，让乾江人在接受教育的同时，逐渐有了放眼看世界的视野，对本地人才培养和成长有决定性的意义。

对乾体中学（今合浦县第五中学）的历史进行溯源，可见其创办之曲折和艰难。

清光绪二十四年（1898 年），清政府下令将各省书院

2007 年的合浦县第五中学大门

改为高、中、初等学校，社学、义学也中西兼习，改办学堂；而后，光绪皇帝宣布变法维新。这一时期，合浦开始出现公立和私立学校，学制教育规模初具雏形。受此影响，乾江一些有识之士深感国家积弱贫穷、饱受列强欺凌之根源在于科技文化教育的落后，于是他们聚集在乾江文武庙，共商教育救国兴邦之策。

正是在这样的时代背景下，1901 年，由林朱赞、郭李镇、苏汝森、钟镜台等人发起，在地方各户的捐助下，乾体学堂组织兴办起来了。乾体学堂的开办，可以说是凝聚各方力量，举全乾江之力而成。

关于乾体学堂的创办历程、人员分工等，现存碑文有

乾体学堂匾额　廖国一／摄

记载。其中《乾体学堂缔造姓名分类列后》就有如下记录：

事非人不辨，一役之兴，其奔走招集，指挥督办，组织以竣事者，岂苟然已哉，必有坚忍耐劳、心力交瘁者在焉，列与事。

总理四人：光禄寺署正衔苏秀本、布政司经历衔周炯祥、掣签分省试用府经历岁贡生郭李镇、合浦县学廪膳生林朱赞。

协理二人：县丞衔郭李墀、监生李绍晟。

襄助十人：附贡生郭李广、例贡生苏子焯、尽先补用县主簿郭李炎、附贡生钟子衡、增生陈峻修、□选训□岁贡生苏廷星、监生陈其馨、军职包朱诰、耆职周之典、军职郭李梓。

赞成人：广西试用直隶州州同洪毓万、增贡郭李瑛、廪生包朱绶、武生郭李熊、两广大学堂肄业监生苏子达、监生郭李芬、廪生钟文蕃、钟文绛、附生郭李襄、增生劳劭骏、武生李梦熊、陈宏楙、布政司经历衔梁锡荣、郑善彪、例贡郭李□、布政司理问增生朱卓群、附生苏汝森。

廉城行捐催收郭李镇、林朱赞、苏子焯、郭李广、郭李炎、监生苏元高、附贡郭李□会同劝捐训通罗赏先、廪生蔡涞许、谢赞、严士珍、拔贡苏乾初、职衔戴国恩、严登祺、恩贡陈瑶阶；

均安团行捐催收郭李镇、林朱赞会同劝捐岁贡韩家训、职衔韩家腾、岁贡韩学贞；

高德行捐催收周炯祥、苏秀本、郭李镇、林朱赞、梁文杰会同劝捐附贡洪豫健、廪生李苑晖、监生洪豫章、军职叶茂崑、岁贡苏锡昆；

北海行捐催收苏秀本、郭李镇、林朱赞、周炯祥、苏子焯、郭李广会同劝捐监生张学敛、廪生刘始昌、附贡李王材、钟汉章、职衔顾汝德、□能濂监生苏□□守镇衔武生苏炳祥□□□□□□□□□□。

可以看出，参与学堂创办的，不但有光禄寺署正、布政司经历、掣签分省试用府经历等政府官员，有科举出身的拔贡生、岁贡生、学廪膳生、监生、附贡生、例贡生、增生等“知识分子”，还有领受军职、职衔和本地德高望重、热心教育者数十人之多。他们组成了总理四人、协理二人、襄助十人的执行机构及十多个劝捐组，分别负责乾体、廉州城、北海街、高德、总江、南康、福成、山口、白沙、闸口及四邻各乡的劝捐募款。

学堂日常的开支费用，一是依靠地方人士之捐助，二是依赖在开办费中提取适当数额购置学田并委派专人管理，收取租谷以赡学。乾体学堂购置的学田，多在本乡，也有些购置在邻乡，其中以党江小燕子学田为最大，租谷收入亦最多。十五户网门租金提成也是学堂开支的主要来源。另外，收缴学生学费也可作少量补充。由是，筹建经费得以落实。

有意思的是办学费用中，竟然还有一项拾粪捐：额定在乡内公地拾猪粪人数（约 20 人），每人每年纳款铜钱

合浦县第五中学校园一隅

一二百文，之后增至每人每年铜钱三千文，相当于银币二元，用于办学。

解决了开办费用，组建好保证机构，学堂就正式开始运转了。学堂得以正常运转，总理会起了重要的作用，它是学堂的最高决策机构。总理会筹备成立后，聘请郭李镇为乾体学堂第一任校长，林朱赞为第一任学监，具体管理学校的校政教务，开展各项工作。

乾体学堂学风，以“文体大旺，博古通今”为要旨，除本乡子弟外，廉城、党江、西场、沙岗、闸口、公馆、白沙、南康、石康、张黄、小江等地学子也负笈来校求学。随着学生数量增多，校舍规模也随之扩大。学堂的学生宿舍分为八个室，取“文体大旺，博古通今”作为编号。

乾体学堂课程设置除经学外，还开设中外历史、中外地理及数、理、化等学科。学科讲义多用石印，也有学生抄本。学堂藏书，除经史子集外，还购有外国书籍的译本，如严复译的赫胥黎作品等。

学堂大门原雕刻有体现培养学贯中西、兴文尚武之开放意识的对联：“乾兴文武，体会中西。”该联由林朱赞拟，苏汝森撰，遗憾的是 1975 年校门拆除后便不知去向。

乾体学堂是清末两广地区最早创办的新式学校之一。广西师范大学廖国一教授在《乾江历史文化探略》中总结：在广东，受维新变法的影响，广州志士邓家仁、邓所让两兄弟于 1898 年创办广东首家民办新式学堂，取名时敏学堂，寓意“敏于时务”。时敏学堂将学制设为大学、小学两部。1905年学堂改为时敏中学堂，是广州最早的私立中学堂。 在广西，光绪三十一年（1905年）八月二十五日，桂林府知府吴征鳌开办桂林府中学堂。桂林府中学堂是广西最早的官办学堂之一。由此可知，当时乾体学堂作为民办新式学堂的建立，开新式学堂风气之先，在当时的广东省名列第二，比广西官办学校出现得更早。

民国二年至三年（1913—1914年），国民政府规定初等教育分初等小学4年、高等小学3年，学前儿童入蒙养院，7岁入初等小学，11岁入高等小学。初等小学开设的课程有修身、国文、算术、手工、图画、唱歌、体操；高等小学除开设以上课程外，还增设中国历史、地理、理科、农业、缝纫等。乾体学堂按照当时政府要求开设相应课程。

民国二十二年（1933年），乾体学堂被列为县属学校，改为合浦第一区一小，内设两班，学制三年。这段时间，学校办学也有创新，比如在合浦尚未试行注音字母教学之时，郭李亮（明东）率先在学校推行注音字母教学。

抗日战争期间，县城各中学奉令疏散，乡里的绝大多数学生不能随校搬迁而被迫停学，也有部分学生因远离中学故未能升学。为解决乾江学子继续读书的问题，乾江乡贤经商议，决定筹办乾体中学。

民国三十一年（1942年）秋，乾体中学筹委会成立，后筹委会改为校董会。办学经费，以乾体学堂原有校产为

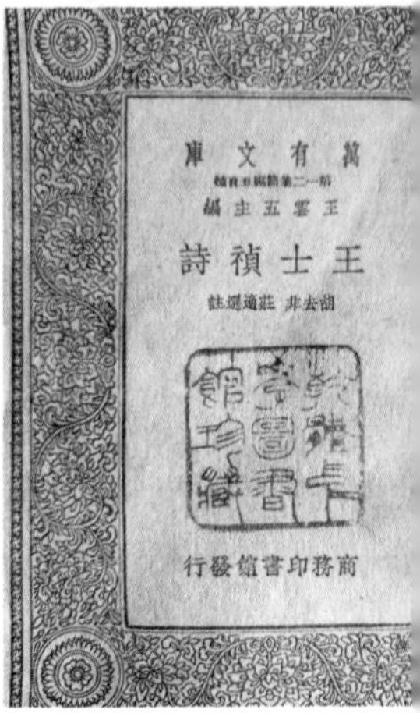

基础，又经筹划、整理，得神堂庙产、神会基金，以及各姓祠产提供的补助作为补充。

乾体中学成立之初，与一区一小（乾体学堂）共用校舍。后经乡贤商议决定，将接龙观、八角亭、猪屎坡一带划归乾体中学，以作建筑校舍之地，中学的校舍规模于是初步形成。

教材和图书方面，除原有历年存书外，校董和地方人士多有捐赠，主要有“四书五经”和《资治通鉴》《纲鉴易知录》《古文辞类纂》《经史百家杂钞》《东莱博议》等，林朱赞所著《字山草堂文稿》也被收录其中。此外，学校还购置“万有文库”一套。“万有文库”是近代王云五主编，1929 年至 1937 年商务印书馆排印、影印的综合性丛书，总共两集，计 1721 种，共 4000 余册。第一集收 13 种丛

乾体中学图书馆藏书

书:“国学基本丛书初集”100种、“汉译世界名著初集”100种、“百科小丛书”300种、“新时代史地丛书”80种、“工学小丛书”65种、“学生国学丛书”60种、“国学小丛书”60种、“师范小丛书”60种、“农学小丛书”50种、“商学小丛书”50种、“算学小丛书”30种、“医学小丛书”30种、“体育小丛书”15种，计1000种2000册，附大本参考书10种12册。第二集收4种丛书:“国学基本丛书二集”300种、“汉译世界名著二集”150种、“自然科学小丛书初集”200种、“现代问题丛书初集”50种，计700种2000册，附大本参考书“十通”和《佩文韵府》共11种28册。

这套丛书，包括了当时古今中外各门学科，现在合浦县第五中学还有部分收藏。

由于正是抗战时期，条件艰苦。各科用书，学校和学生分头借用，不足的由学校翻印；教学用具，除几个篮球、排球需出资购买外，理化仪器及标本挂图基本依靠自制；所聘用的教师，也以本地人为主，低薪付酬，以减少开支。

乾体中学得以在抗战年代迅速办成，当然也是各方合力的结果。在外谋事的乡贤，特别是在广州的先辈，在办学过程中起到了关键作用。他们四处募捐，多方奔走，找寻关系，争取到当时的广东省教育厅特许，得以一面筹备，一面招生开课，一面备案立案。

成立之后，乾体中学在为地方培养人才、提高教育素质等方面，作出了积极贡献。

经乾体中学校董会商定，聘请北海党江人陈广源担任校长，聘请乾江本地人苏立桎担任教导主任。苏立桎此前在北海圣三一中学任教导主任，该中学是在抗战期间由广州疏散来北海的，一应筹办事务均由苏立桎办理。陈广源到校时间少，故乾体中学的筹办事宜及校长主要职责均由苏立桎承担，他还兼语文、外语教学，直到聘郭李润民到任。可以说，苏立桎对乾江中学的正常开办起到了重要作用。

苏立桎，字毓三，清宣统元年（1909 年）出生。自小勤奋好学，聪敏博记，后考入廉州中学甲班就读，高中毕业后，以借款方式考入广东省立勷勤大学教育学院文史系，担任过《粤南日报》记者和编辑，著有《合浦晚清科举逸闻》《合浦早期工会组织活动概况》《合浦东坡亭碑文误刻》《乾江中学的创办和沿革》《日寇入侵北海见闻》《乾江述

合浦县第五中学校园里的大榕树

古》等文章、书籍，1998 年去世。

苏立桎之后，继任者有苏用五（乾初）、包国修、庞文溥、谭启元、严福远等。他们均毕业于中山大学等知名高校。

当时招学生两班，共 100 人，学生除本乡子弟外，西场、沙岗、上洋、党江、石康、南康等附近乡镇，都有学生考入乾体中学读书。

在抗战期间，一批毕业于中山大学、西南联大的教师纷纷到乾中执教，让乾体中学的教学质量得以迅速提高。乾体中学首届初中毕业生考高中，成绩公榜后，竟比当年廉州中学初中毕业生考上本校高中的成绩还胜一筹。

乾体学堂创立至乾体中学的建成，是乾江这个地方崇文尚学的体现，长久以来，乾江一带人才聚集，英杰辈出，规模蔚然。特别是在军界和学术界，乾江涌现出让世人关注的人物。

军界的林翼中、沈载和、邓世增、莫丰绪、卜汉池等民国时期知名将领，曾就读于乾体学堂。土生土长的苏乾初、苏慎初、林朱赞、苏汝森、林朱梁等人加入同盟会，积极参与或领导革命活动，为一时英杰。

医学、文化、教育、艺术界方面，涌现出以苏健今、苏立民、苏德宁、潘梅斋等为代表的一批医道精湛的名医，苏寰中、李瑀声、顾裕铿、李瑞声、钟定世、冯乃谦、钟文范、郑家燊等诸多知名教授，苏义中、苏匡元、谈星、洪士谋、庞华英等教育、艺术等行业的精英。据不完全统计，自20世纪30年代起，从乾江走出的具有高级职称的专家学者就超过200人，其中正教授级60人以上，学科遍布社会科学、自然科学多个领域。乾江因而被誉为合浦地区的“教授村”。

这些一时英杰中，乾江街上土生土长的苏慎初、苏汝森、林朱赞等人因加入同盟会、参加和领导廉州起义，让人充分领略了乾江人的血性。

苏乾初，清同治十三年（1874年）出生，清宣统元年（1909年）以第一名考选己酉科拔贡生。曾以苏用五、陈武的名字参加中国同盟会，后接受同在广州光华医科学校读书的廉州总江口人罗侃廷的指令秘密返回廉州府，在府学孔庙旁的学前街攀龙书院设立秘密据点，以教书为掩护发展革命组织，刺探清政府军情，并在府城清军中展开策反活动。宣统三年九月二十七日（1911年11月17日），罗侃廷宣告发动起义并任起义军司令，领兵在府城廉州一举攻下府县衙门，而后苏乾初以钦廉军政分府都督陈武的名义宣布光复廉城，成立革命政府——廉州都督分府。该事件史称“廉州‘反正’”。

苏慎初，清光绪八年（1882年）出生，清朝秀才。他弃笔从戎，自广东陆军速成学堂第一期毕业后，于清光绪三十四年（1908年）加入中国同盟会，积极组织反清暴动队，并吸纳邓世增、卜汉池等人加入其中，对驻守合浦的清兵发动袭击。清宣统元年，苏慎初任广东新军第二镇见习官，不久返回高雷地区进行反清活动，为同盟会高雷主盟人。他暗中联络队官、排长、见习官等新军干部士兵，为起义准备干部队伍。广州起义时，负责新军、防营及民军联络，后再次返回高雷地区策动各县光复，任高雷民军总指挥。清宣统三年武昌起义后，当年11月12日至14日，信宜、茂名、电白、化州分别成立新政府，林云陔任高州军政分府分都督，苏慎初为司令长。民国元年（1912 年），苏慎初任循军第三路司令、广东军政府第三军军长。后来陈炯明代理广东都督，将所统领的军队扩编为两师一旅，苏慎初为第二师师长，后又授陆军中将。民国二年，广州商会等团体推举苏慎初为代理都督兼民政长。同年，袁世凯授苏慎初陆军上将军衔。

苏汝森，清光绪十二年（1886 年）出生，光绪三十年（1904 年）考取秀才。因感慨国家积弱，弃笔从戎，报读广东陆军小学，陆小毕业后继续到广州陆军学堂深造，后留任陆军小学，投同乡苏慎初麾下任标统，并由苏慎初推荐加入中国同盟会，积极参与反清斗争，参与刺杀孚琦及黄冈起义。武昌起义后，任广东陆军第二师团长，很快升为独立旅少将旅长兼两阳东路指挥使，率部队驻两阳（阳江、阳春）及高州，从事地方绥靖防务，政绩甚佳，颇得当地人称赞。民国三年，苏汝森与张我权发动兵变，炮击督军府，因此被枪杀，年仅 29 岁。

林朱赞，清同治九年（1870 年）出生，自幼刻苦好学，于光绪二十二年（1896 年）中丙申科秀才。后与乡人共创乾体学堂，并为学堂校门题写“乾兴文武，体会中西”之联。他从教于乾体学堂，也曾任廉州中学的学监，待人温和，虽对学生严于管教，但也重以德礼引导，备受学生崇敬。他著有《字山草堂文稿》十卷，保留有关乾江及廉州

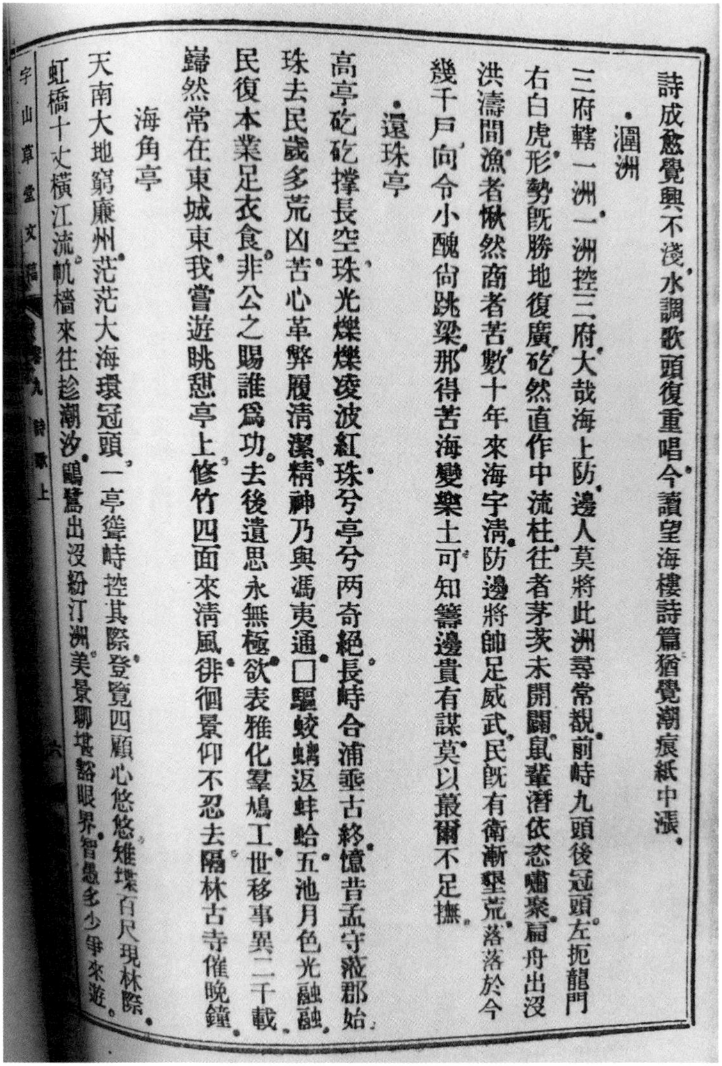

詩成愈覺興不淺水調歌頭復重唱今讀望海樓詩篇猶覺潮痕紙中漲

潿洲

三府轄一洲一洲控三府大哉海上防邊人莫將此洲尋常覩前峙九頭後冠頭左扼龍門右白虎形勢旣勝地復廣矻然直作中流柱往者茅茨未開闢鼠輩潛伏恣嘯聚扁舟出沒洪濤間漁者愀然商者苦數十年來海宇淸防邊將帥足威武民旣有衛漸墾荒落落於今幾千戶向令小醜尙跳梁那得苦海變樂土可知籌邊貴有謀莫以蕞爾不足撫

還珠亭

高亭矻矻撐長空珠光爍爍凌波紅珠兮亭兮兩奇絕長峙合浦垂古終憶昔孟守蒞郡始珠去民歲多荒凶苦心革弊履淸潔精神乃與馮夷通□驅蛟螭返蚌蛤五池月色光融融民復本業足衣食非公之賜誰爲功去後遺思永無極欲表稚化羣鳩工世移事異二千載巋然常在東城東我嘗遊眺憩亭上修竹四面來淸風徘徊景仰不忍去隔林古寺催晚鐘

海角亭

天南大地窮廉州茫茫大海環冠頭一亭聳峙控其際登覽四顧心悠悠雉堞百尺現林際虹橋十丈橫江流帆檣來往趁潮汐鷗鷺出沒紛汀洲美景聊堪豁眼界智愚多少爭來遊

宇山草堂文稿 卷九 詩歌上 六

林朱赞所著《宇山草堂文稿》内文

一带不少文史资料，为后人研究合浦历史文化提供了宝贵的借鉴。尤其是书中的《请取消割钦廉改隶属广西书》一文，具有重要史料价值。林朱赞也致力于北海地区的革命。清宣统三年（1911年），参与廉州起义，建立“廉州都督分府”，任秘书长一职，并响应武昌革命。后因兵变前往广州，曾在同乡苏慎初所在的粤军第二师司令部任典军一职，随之转战高州、雷州一带。后仍从事教学工作，并积极投身公益事业，为乡人所称赞。

林朱梁，清光绪二十五年（1899年）出生。合浦县乾体乡高等小学、广东省立廉州中学毕业，广东陆军测量学校肄业，中央军校政治学校高级班军事科毕业，担任过广东江防司令部“广贞”巡防舰书记，西江善后督办公署上尉测量员。民国十三年（1924年）春，由粤军第一师师长李济深保荐投考黄埔军校，毕业于黄埔军校第一期第三队。毕业后任军校军需处服务员，第四期入伍生团区队长、摊长。民国十六年（1927年），任广州卫戍司令部警备连长、少校营长，第八路军总部第二警备团中校营长、团副。民国二十一年（1932年），任第一集团军第二军上校副官处长，广东东区绥靖公署代参谋长，第四路军独立旅参谋长、副旅长。全面抗日战争爆发后，任第一八〇师九五九团上校团长，第七战区挺进第一纵队少将司令、军事委员会少将参议。民国三十五年（1946年），任国民党国防部少将部员。民国三十六年（1947年）

初退役。

同为乾江土生土长的苏健今、苏立民等人也为乾江争得了荣誉，尤其是他们好学的精神、精湛的医术、为乡人奉献的情怀，更是赢得了乡人交口称颂。

苏健今，清光绪十五年（1889 年）出生，自幼勤奋好学。青年时，深受康有为、梁启超维新思想影响，倾向革新。清宣统三年（1911 年）辛亥革命爆发，积极参加罗侃廷、苏乾初等领导的廉州起义，一举夺取了清朝廉州府和合浦县的政权。同年成立廉州都督分府革命政府后，苏健今沉心于教育、医学。民国六年（1917 年），苏健今以优异成绩取得公费留学资格，赴日本早稻田大学留学，在理工科化学系攻读 4 年，为合浦最早的留学生。他刻苦学习，精通英文、日文，擅长诗文书画，对甲骨文及古籍颇有研究，曾借摹大学图书馆珍藏的石鼓文善本并加考证。毕业归国后，苏健今在廉州中学执教英语、化学等课，并兼任学监近 10 年。在廉州中学任教期间，他利用课余时间向中医理论家、大医师恽铁樵学习中医。后辞去教职，在北海与他人合股开设“寿而康”中药店，成为不挂牌、不收诊金的非专业医生。他医理精湛、能力出众，医术闻名远近，志趣却在用化学原理来阐发中药有效成分的研究，在传统理论基础上对中药性能的研究多有创新发明。他还结合中西医理论，辨证施治，不守刻板，卓有成效，尤其擅长妇科、温病、儿科和疑难杂症。民国三十一年（1942 年），苏健今联合其他乡贤发起创办乾体中学，苏健今任校董会董事长 3 年，对地方教育事业作出重要贡献。新中国成立后，苏健今是北海市中医医院的主要创始人，先后任北海市中医医院医师、副院长，曾任北海市第二届人大代表、政协北海市第二届委员会副主席、政协广东省第一届委员会委员、中国农工民主党北海市支部主任等职。苏健今学术硕果累累，著有《中药今释》《妇科医案》《胡卢燕石斋诗文集》《石鼓文扶桑摹本考证》等，并被载入《广东省名医录》。1973 年 5 月 27 日，苏健今病逝。

苏立民，清光绪十六年（1890 年）出生，自小爱好医药，为清末秀才。民国元年（1912 年）毕业于两广陆军军医学堂，后任广东省独立旅的军医，少校军衔。3 年后返乡，潜心精进中医技能，在合浦、北海行医，以善治伤寒、温病和挽救危症而著名。新中国成立后，苏立民在合浦主持区、乡卫生协会及联合诊所工作。1955 年，苏立民被任命为北海市中医医院内科医师。1956 年，苏立民被广东省卫生厅晋升为省内首批中医主治医师兼住院部、门诊部主任。1958 年后，苏立民兼任合浦县、湛江专区中医进修班及北海中医学徒班教师，教授伤寒论和温病学 2 门课程，并担任北海市中医学会副主委。晚年，他将平生临床经验及见闻记录整理为《医案》3 卷、《杂著》2 卷，约 20 万字。1969 年，苏立民去世。

列举的这些人，只是乾江近代有代表性的少数人，从他们的身上，我们可以感受到生于乾江这方水土的人好学、有血性、甘愿奉献的品质。他们的品质，不仅推动了当时一方的风气，也影响了后世，其气息如今仍在乾江这座古老的小镇上流淌。

勤礼婆

苏立桎在《乾江述古》中这样描写乾江女人：

乾江妇女，讹名“勤礼婆”，不独是合浦全境闻名，她们并蜚声于灵山、浦北以至沙河博白等地。总之，曾来往廉北经商的人士，无不赏识“勤礼婆”的英姿。

乾江妇女，不独是家庭主体，也是社会活动的中心人物，一切对外买卖经营，都是妇女承担。乾江妇女不仅是半边天，她们握有家庭经济大权，自然掌握住家庭一切的支配权。在买卖方面，她们是个体户，可是由于市场交易等社会活动关系，也决定她们的集体意识和行动。本来从前廉城居民一应食用的鱼虾海鲜，都是乾江妇女从乾江运来供应的，所以乾江妇女实掌握着廉城居民副食供应权。记得1925年间，八属军邓本殷部已被击溃消灭，但邓的余孽，他铸下流行在市面的八属银毫还充斥市场。市民贬这种八属银毫为“啰苏把”，它已失去货币的价值而为市民所拒用。

可是有些市民，尤其是有些机关干部、警察县兵，他们购买鱼虾，总是强要乾江渔妇使用，给渔妇造成很大的亏损。因此乾江渔妇，一致罢市，不挑运鱼虾海鲜到廉城发卖。以至廉城人民日食无鲜，一连素食三天。那些机关干部、警察县兵，以及那些强梁，迫于乾江渔妇的抵制，以及群众的压力，不得不就范，以铜元交易，市场才行恢复。在国民党滥发纸币，金融崩溃期间，民间叫那时的纸币为“湿柴”，那时也曾因湿柴纠纷(那时市场交易曾以米作物之交换)而罢市一天，结果也是乾江渔妇得到胜利。这些历史事件使市民一致认识了乾江妇女在市场上的作用及其社会地位。

乾江妇女承担的劳动量是很大的。她们运销海鲜到廉城，争分夺秒，廿华里长途一口气奔驰到市场，这在一般男子汉是不容易做到的。她们却不怕苦累，日日为是。她们的担竿是作蛾眉形两端向上翘的，她们在跑步时利用担竿弹力，每步一弹，可以省力，且有韵律。但使用这样的担竿是要经过训练的，否则你便难把这样两头翘起的担竿平稳地安放在你的肩上，更不用说能运用它借它的弹力顺利驰跑。在行进中为了不耽误她们的宝贵的分秒时间，她们在闹市中急速行进时，一面奔跑，一面吆喝，使街上行人远远听到无不赫然震惊，赶快纷纷让路。因此好些市民往往指责乾江妇女嚣张，卫道者大摆其头。实在她们是温顺的，她们是很团结的，也勇于反击那些对她们的无理行为和暴力。有时有些过路人，每见到乾江妇女抛头露面，且往往见到她们罢市归来沿途爽朗谈笑，轻松随便，往往不知底里，时或对她讪笑，或无礼相加，那你将会大倒其运，她们中一人倡呼，所有同行妇女，便都仗起担竿，使对方得到应得的惩罚。所以许多卫道者侧目之余，复嗤之以鼻，终至大摇其头者，良有以也。

乾江民风有强悍的一面，但更多时候，乾江是此地平民百姓生火做饭、婚丧嫁娶的处所。走进乾江，观察小镇人家不动声色的日常生活，感受小镇不着痕迹的缓慢演变，是更让人心动的体验。

如果说，乾江是一个“由女人把持的圩镇”，想必反对的人不多，皆因乾江妇女的名头太响。

“勤礼婆”的称呼来自民间对乾江的称呼“勤礼”。以前，乾江人家里的对外买卖，大多由妇女承担。她们的劳作影响着家庭收入，故妇女在家庭里的地位、话语权不低。每天早上，不管刮风下雨，天还没亮，乾江妇女就从海边担海鲜到廉州街卖，急追紧赶二十几里路，那是一般男子也难以吃得消的苦力活。到了廉州街，为争分夺秒，她们仍然要在闹市中急速奔走好长一段路，才到菜市街。她们往往一面奔走一面吆喝，远远地便要路人让路。虽事出有因，但依旧有人由此指责乾江妇女嚣张。

乾江天后宫前摆摊的妇女　谭瑞军／摄

其实很多时候，她们是比较和善的，对那些笑话她们抛头露面辛苦干活的人，绝少计较，大多一笑了之。但是，和善不代表可以被欺负。出门在外，赚钱养家，她们很团结，如果哪个姐妹被别有用心的人欺负了，不管原来姐妹间是否有隔膜，都一定会二话不说，抢起扁担，一哄而上，商量都不用商量。

勤礼婆讲话大声，在社会上处事也大胆有担当，颇具集体意识。苏立榁谈及的民国年间由勤礼婆发起并“大获全胜”的两次罢市，就是勤礼婆敢于反抗、勇于争取权益的体现。

乾江妇女用一根扁担撑起了家庭的半边天。作为乾江人，我深知勤礼婆顾家，“会来事”，以两个人为例，一个是我大姑，另一个是邻居家阿姨。

我大姑是乾江最早入读新式学校的女学生之一，二十世纪二三十年代嫁到北海一富商之家。那家人在名扬岭南的北海商业街九曲巷有多家商铺，家底非一般殷实。我家大门右邻、号称“乾江通”的海叔曾和我说：“你大姑出嫁时，男方家开来三架‘龟壳车’（小轿车）接亲，威风得很！”那时别说“龟壳车”，就是普通汽车，都很少有人见过。在北海著名的天海楼大摆宴席之后，大姑父和大姑还搭船经越南去香港旅游了一大圈。“你大姑，一世活得风风光光。”三姑不止一次跟我们讲大姑好命。

大姑处事干脆利索。如果她不干脆利索，如何管得了姑父家那档子那么大的生意？大姑父长得一表人才，性情平和，喜欢安静，好养信鸽。小时候的周末，父亲经常骑单车搭我和弟弟去北海大姑家玩。说是玩，其实是借探望之机，让我们兄弟俩在大姑家吃点好的。大姑父最喜欢拉我和弟弟到楼顶看他养的信鸽。四五个大木笼，几十平方米的楼顶上，“咕咕咕”的声音日夜不停。大姑父对家里生意不太上心，大姑参与管事，养着一家数十口人。是不是从那时起大姑才不得不变得干脆利索，不得而知，反正我认识的她，一直讲话处事干脆利索。

2002年“SARS”疫情闹得正凶的时候，有一天母亲打来电话，说小镇的人都在讲这个病如何如何厉害，千叮万嘱别在外面吃饭。刚放下电话，大姑和三姑就颤颤巍巍敲门来了。她俩从城北老街的家，带着两瓶白醋，走到城南我的住处，看着我们一人喝两口并用来熏房子之后才回去。

我出生时奶奶已去世了，我们家族里说一不二的是已外嫁的大姑。家族里的婚丧嫁娶、过年过节，大家商量好了就知会她。她可不管这些杂事，“你们做就好了”。话虽如此，大主意还是要她抓的，大家要的就是她这句话。

二伯父去台四十几年，得以重返大陆后，年岁已晚的他想在大陆成家。他接触过几个人，前面几个，大姑一个也不见，到最后二伯父带给大姑看的那个“农村妇女”（堂哥语），大姑又是请吃饭，又是送金银首饰，这才一锤定音。

另一个勤礼婆的代表，我们平时都叫她阿姨，姓甚名谁，大家不甚了了，也没有谁去探究。反正在乾江街上，阿姨就是她，她就是阿姨。阿姨是一个生命力极强的人。1976年，唐山大地震发生后，小镇上的人，全都被居委会动员，住到室外空地上搭建的简易帐篷里。那个时候，正是台风、雷雨说来就来的七八月，住在室外，自然苦不堪言。就是在那么恶劣的环境里，阿姨生下了他们家晚仔（最小的儿子），因为意外差点丢了性命。经历了生死的阿姨并没有人们想象中脆弱，很快她又欢蹦乱跳，结实如旧，该挑一百五十斤的担子，她绝不偷工减料。

阿姨不是我们家亲戚，但远亲不如近邻。她家和我们家只一墙之隔，走过小小的后花园，绕过不到十米的围墙，就是阿姨家了。从小到大，阿姨是比我们家大部分亲戚都和我们亲近的人。我和弟弟几乎每天都会到她家去听大人闲聊，看她家养的淡水鱼，用她家水井打水冲凉，饿了就吃她家的稀饭。而我们家有时加点菜，或者外婆家捎来几个新鲜瓜果，父母也总不忘记让我或者弟弟“拿点给阿姨”。

那个时候，阿姨家的生活水平比我们家的高。我父母都是穷教师，一个月就那么点工资，够买米吃就不错了。阿姨家不同，她老公和儿子在渔业大队打鱼，十天半个月回来一次，总能带回半麻袋咸鱼。咸鱼在 20 世纪 70 年代末到 80 年代初那个物质生活仍相对匮乏的时期，可是值钱的东西。丈夫和儿子带回来的咸鱼，阿姨除了将大部分卖了换钱，自己多少也会留出一些，让一家老小解解嘴巴“早已淡出个鸟”的馋。阿姨家留出来的那小部分，肯定有两三条是给我们家的。为这两三条咸鱼，阿姨没少和她娘家人发生口角。因为小镇小，每次阿姨的老公和儿子出海归来，大家都能知道，特别是亲戚朋友，嘴上不好讲什么，心里其实还是惦记阿姨家那几条咸鱼的。虽然每次阿姨家都有咸鱼带回来，但并不是每次娘家人都能分到咸鱼，毕竟数量有限。因此，她弟弟常向街坊邻里抱怨，老弟有屁用，不值半截咸鱼！

阿姨是乾江有名的“恶婆”，曾有好事者把她列入“乾江三大恶婆”之列，但其实她对我们家特别友好。在我的记忆里，我们家和阿姨家从来没有过任何不愉快的摩擦。乾江的妇女，被附近村镇的人称为“勤礼婆”，和她们那张嘴够泼辣脱不了干系。一句不合，张嘴就是一串贬人的、骂人的或者是嘲笑人的话，做生意时如此，平时讲话聊天也习惯成自然。我父母都是本分的老师，与人为善、教书育人，上课的水平有一点，吵嘴的本事实在不怎么样。也正因此，父母对阿姨尊重有加。可能这也是他们得以和谐相处的原因。

点烟架炮

▼古之乾江，是重要的海防要塞，可惜其军事遗存多已漫漶不清而失其实体。

乾体兵事

海防是为保卫国家主权、领土完整和安全，维护海洋权益，防备敌人从海上来袭，在沿海地区和领海内布置的防御部署，是国家防务体系的一部分，既包括各类设施，也包括人员配置。

宋代之后，航海技术得到空前发展，不同国家通过船舶可快速通达，这给海防提出了新挑战。

按照目前学界普遍认可的观点，我国海防建设的历史，主要从明代开始。“海之有防，历代不见于典册；有之自明代始。”到了明代后期，我国南部沿海的海上威胁来源，逐渐由倭寇转为安南等国过来的贼寇。

北部湾位于南海西北部，北接广西，东邻广东省雷州半岛、海南省海南岛，西濒越南，其地理位置让这里成为中国西南地区的海上门户，北部湾地区海防体系的战略地位因此变得更突出。

北部湾地区海湾多、岛屿众，但优良港湾少，最具有战略意义的，是与陆地接连的龙门港和位于北部湾中央的涠洲岛。

明代，龙门港是北部湾地区的大港。编纂于嘉靖、万历年间的《苍梧总督军门志》载：“此龙门港内有七十二径，俱相通，可容千余。”俞大猷也有“龙门港内水深而无沙石，可以泊舟千有余艘，四方环以大山，遇飓风不足为患”之记录，可见龙门港容量之大。

明代官方采珠活动频繁，位于珠池之南的涠洲岛同时具有保卫作用和军事意义，其重要性非同小可。明崇祯版《廉州府志》载涠洲“在珠母海中，当冠岭之南，昔有野马渡，此又名马渡，去海壖大约二百里。每天将阴雨，辄望见之，晴霁则否。洲之东南数十里有斜阳岭，纯石峙海中，然不若涠洲有湾可以泊舟”。

海域广阔，具备战略意义的港口却不多，这使得北部湾地区的军事布防受到很大限制，沿岸防御的压力自然也就变大了。

明代海防体系建设，主要包括陆路卫所和海上巡防两个部分，即如《明史》所说的“量地远近置卫所，路聚步兵，水具战舰”。

明代广东卫所的设置起源于洪武时期，形成于明前期，完善于嘉靖以后。明代的卫所在海疆之地兼有陆防和海防两种功能，按《灵山卫志校注》所说：“设卫所以防海也。近代自元以来，海氛不靖，倭寇杀掠尤残……有明深鉴于此，故沿海设立卫所，防御至严，守土者皆世袭勋旧军户子姓，各于附近州县荒徼之地，令其圈占屯田养马，世世捍御，所谓腹内之兵也。是以州县俱有大界，而卫独无。”

明朝在北部湾地区广设卫所。相关研究考证，明代雷州卫辖石城、锦囊、海安、海康、乐民5所，廉州卫辖永安、钦州、灵山3所。北部湾地区除石城所及灵山所所属内地外，雷州卫与廉州卫其余千户所，均与海防相关。

在巡海制度方面，则设巡海备倭。卫所水军是主要力量，行使巡检司防海职能。

至嘉靖末年，东中路海防形势严峻，为了增加对东中路的海防力度，吴桂芳上疏，言及北部湾相关区域设水寨相关事宜：“……极西曰钦、廉，接址交南，珠池在焉，惟海康所乌兔地方，最为扼塞；其中路遂溪、吴川之间曰白鸽门者，则海艘咽喉之地。此三者，广省迤西海洋之要区也。以上处皆应立寨……”其中，嘉靖所设之白鸽门寨、乌兔门寨涵盖了北部湾地区巡洋范畴，并在巡海信地方面有了较为具体的规定，如《苍梧总督军门志》介绍白鸽门寨“……一至赤水西，与北津兵船会哨，取吴川所结报；一至海康，哨逻涠洲一带，与新移泊守龙门、乾体港兵船会哨，取凌禄巡司结报即回，不许在彼住泊”，明确了涠洲作为北部湾地区巡洋中心的地位。整个明代，由于北部湾海域一直是朝廷采珠重地，北部湾的海防体系整体是围绕涠洲游击水寨展开，同时又对龙门、乾体进行军事兼顾的海防部署。

从整个海防格局上看，嘉靖以后，北部湾地区海防格局基本没有变动。清廷基本继承了明朝在北部湾海防建设的遗产，继续加强相关区域的兵力部署，重点对江河入海口等战略要地进行防守，将明朝的纵深防御政策更加深入地贯彻了下来。尤其是清中后期，北部湾地区海防战略以陆防、岸防为核心支撑，在巡洋会哨制度上，更加细化与完善。

为实现在北部湾地区的长久统治，清廷发展了明代镇戍制度在巩固政权中的作用，在全国各地逐步建立起了以营为基本军事单元的绿营制度，“凡疆域要地，设提督总兵统辖。镇守又设副将、参、游分列营伍，递相钤辖”。经过长期经营建设，绿营制度日臻完善，它成为终清之际维护我国北部湾地区海疆完整、海防建设的重要力量。

从康熙二十三年（1684 年）至乾隆年间，北部湾地区形成了镇、协、营三级军事结构。廉州、雷州均设协驻扎两府军事要地，统领各所辖范围之内的各营。其中从兵额对比上，清康熙年间，高州、雷州、廉州三府总兵额与乾隆年间高廉镇兵额数相同，但是雷廉二府在兵力分配上有明显差异，廉州府属各营兵额明显高于雷州府属兵额，龙门协营与雷州协营水陆兼防，同时有分防所属辖域的职责。钦州营、廉州营分防钦州、灵山、合浦三县，同时辖域内多军事战略要地，故而兵额较重。

在这样的前提下，处北部湾中部、南流江三汊港出海口处，扼古代廉州府城出海之交通咽喉的乾体（乾江），特别是在明清两代，成为军事重镇。

民国《合浦县志》对乾体在北部湾海防中的重要地位有如下记载：

> 今考合浦地势北高南下，愈近海则愈低下。……城南八十里之冠头岭崛起屈曲，回抱而成。北海港扼船舶入港之口，有炮台数座，与地角相联络，本邑之锁钥也。乾体扼江海之交，曩筑炮台于八字山，犹内户也。……永安城据东海岸，扼高雷琼海道之吭，港汊错综，可资防守，旧志所谓左腋也。大观港位于西境，海面辽阔，为钦廉通航之要道，旧志所谓右腋也。涠洲岛峙立海中，南部石壁插天，廉琼航线所必经，本邑之外户也。

我们也可以从明清两代北部湾海防记录中，看到乾江军事设置和人员变化情况——

明洪武二十七年（1394 年），为防止海寇的侵扰，朝廷在乾江设水师驻防，有战船 11 只、内艚船 7 只、灰斗船 4 只、小快船 3 只。

当初设立乾体营，虽然说防止海寇的侵扰是重要原因之一，究其关键，还是护卫南珠之故。万历十八年（1590

年），珠贼为患，出于保卫珠池的需要，明朝政府于涠洲设立涠洲游击。涠洲游击设立以后，北部湾海域以海康东场角为界，以西由涠洲游击负责，以东由雷廉参将负责。涠洲游击初设时驻扎于涠洲岛上，万历二十九年（1601 年）移驻于永安所，下辖“钦州守备一，龙门、乾体把总二，廉州卫一,千户所六标下一，中军官、牙山左右部三，战船六十只，官军一千八百名”。明初，把总属下兵员约 440 人，明末把总属下兵士约为 500 人。

万历《广东通志》也记载有廉州陆营的兵员数量：雷廉参将陆营哨兵五百五十有二；防守廉州府城池驻扎教场官兵三百六十三；防守钦州城池及防城营官兵六十一；防守灵山城池官兵六十一；防守海川、高桥营官兵四十五；防守清湖、墀塘营队兵二十二。

由此可见，当时乾体军事编制和兵员配置相当完整。

清朝前期，廉州、雷州两府各军事单元都有自己较为稳定的辖区，以营为基本军事单位，通过“汛防制度”，将兵力分散于北部湾地区各地，成为北部湾地区维稳、控制海防局势的重要机制。隶属廉州的乾体营，便在其中发挥重要作用。

在北部湾地区的统治稳定之后，清廷开始从水陆两方面改革乾体水师营，重新规划陆路营，以实现廉州府域以龙门协为核心、雷州府域以雷州协为核心的军事部署。

乾体水师营的成立和变化，是顺应时势的过程和结果。

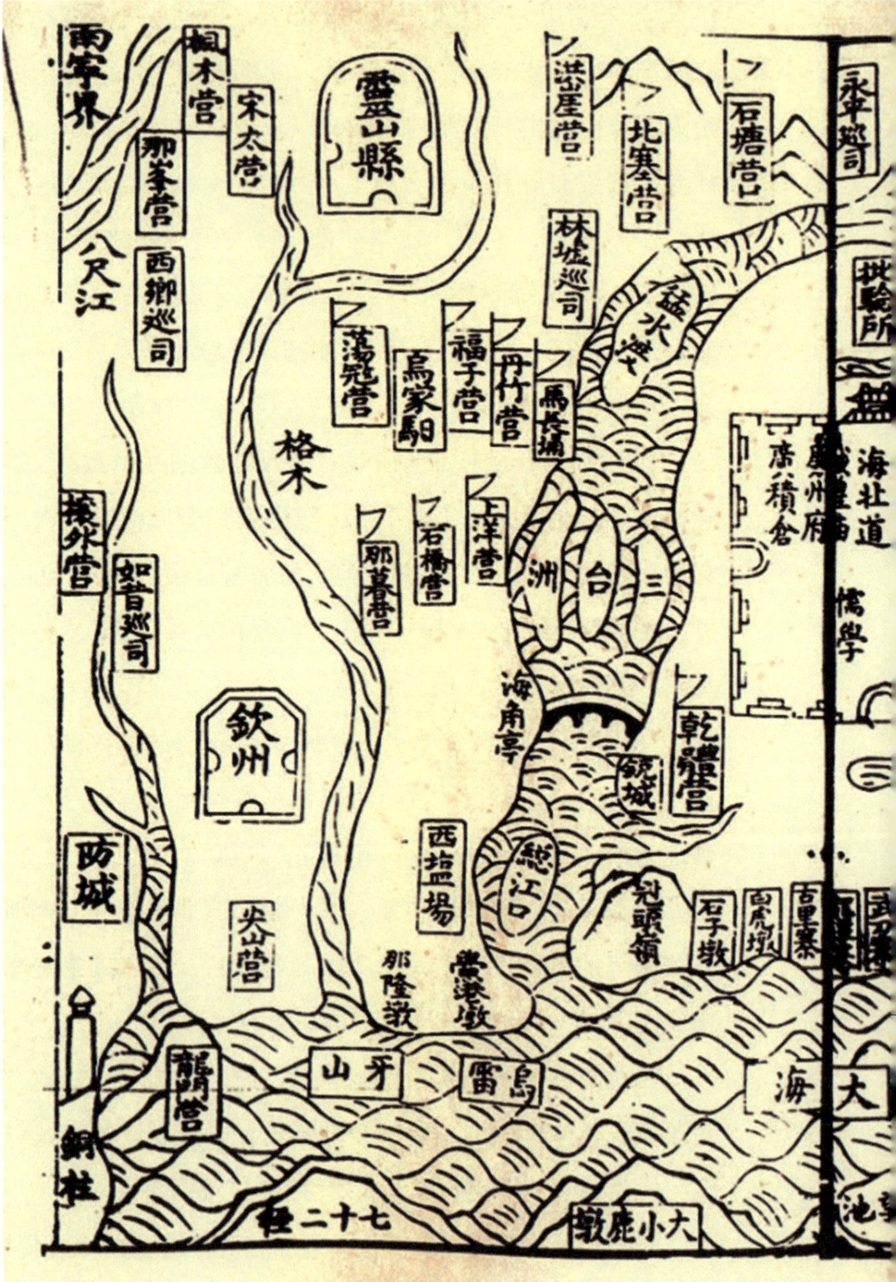
靈山縣
宋太營
西鄉巡司
八尺江
如昔巡司
防城
欽州
格木
烏家驛
福子營
丹竹營
林墟巡司
北寨營
石塘營
永平巡司
上洋營
石橋營
洲
台
三
海角亭
乾體營
總江口
西盐場
尖山營
那隆墩
冠頭嶺
石子墩
龍門營
牙山
烏雷
大海
銅柱
七十二徑
大小鹿墩
廉州府
海北道
積倉
儒學

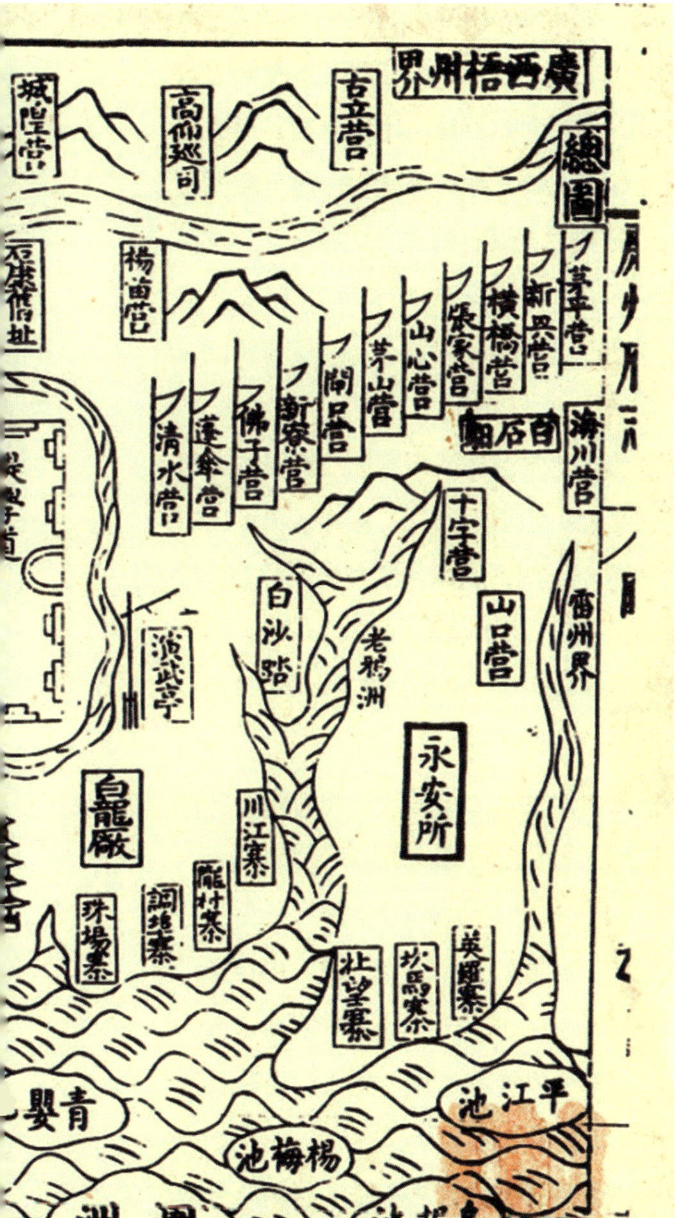

明崇祯《廉州府志》中收录的廉州府图上标注着乾体营　北海市地方志编纂委员会办公室／供图

乾江扼江海之交，秦汉至明朝都是我国对外交通、贸易的要地。按乾隆《廉州府志》，乾体港是廉州府城的门户，由乾体至冠头岭、大观港数百里，海面辽阔，逼近郡城。当时乾体营地处珠场八寨，港口分歧，由此可瞰视大海，形势一览无余，“旧设白龙城有辅车之义焉”。

清康熙年间，乾体营“因展界改为水师”。自改水师后，“设龙艇六只、大船一十三只，泊乾体、冠头岭”以资防守。

康熙二十三年之前，乾体营是廉州府域最重要的海防军事力量。据清代杜臻《粤闽巡视纪略》，康熙八年（1669年）至二十四年（1685年）间，乾体营设游击1，守备1，千总2，把总4，兵额1366，比钦州营的1013还多，兵员不可谓不众，地位不可谓不显赫。但是，随着时势的转变，乾体营的作用和地位也随之发生变化。

乾体营虽然地处港口要地，但是时任钦州知州的马世禄认为乾体港在战略上不及龙门重要，便向朝廷上文：

> 窃照龙门当为钦州咽喉，为高、雷、廉、琼门户，最为要害。故明安船设兵，甚为得法。我清定鼎以来，廉、钦于顺治十三年（1656年）始入版图。彼时地方初定，营寨废弛。至康熙元年（1662年），迁界，改廉州珠场寨为乾体水师营。嗣康熙八年，展界。虽乾体水师营增船增兵，但泊内港，既非扼要，即为失计。

且置钦州沿海西盐、白皮等场于户外，不能相顾。所以三十余年间海寇邓耀、杨二等攻城掠野，蹂躏四郡，荼毒不堪，实由未得险要，以为守耳。

某等守钦数载，洞谙情形，先于甫剿龙门时，即请设兵善后。一为逆渠未歼，龙门为必要守区，请图善后之策等事；一为捕逆复聚狂逞，乞亟剿除，以安黎庶事；一为龙门为必要守区，恳乘舟师剿荡之时，及图善后，以奠海疆事……若龙门设兵，贼无巢穴可据，自难纠聚伙党，即内地亦不烦重兵。若为久远之计，再于水营牙山分船布守，掎角相应，扼其咽喉，手足自僵，理势有必然者。或以乾体之兵，酌量移驻，是兵不添设，饷不加增，俾高、雷、廉、琼沿边之民无忧劫掠，煎盐捕鱼均享乐利，荒土可辟，国赋可充矣。故守乾体，不若守龙门尤为得利……今议守龙门，不特可消海寇目前之萌孽，并可息交趾将来之睥睨。某等所以切切虑及此者，正以藩篱不可不守，极宜绸缪未雨，仍旧建营以为安攘。伏乞施行。

他认为乾体水师营泊内港，非扼要，“置钦州沿海西盐、白皮等场于户外”，故而指出“守乾体，不若守龙门尤为得利”。后世研究者认为马世禄的建议颇具远见，可惜当时未被朝廷采纳。此后，局势发生了重大变化。

康熙十二年（1673年），吴三桂、尚之信、耿精忠相继造反，两广地区深受影响。康熙十六年（1677 年）杨彦迪与冼彪趁机从台湾率舟师数千人攻占龙门。康熙二十三年（1684 年）复界以后，工部尚书杜臻巡视海界到廉州沿海，对龙门岛及其附近的形势进行了实地勘察，认为龙门岛便于藏舟，有淡水供给，且岛中平旷，适合建立营寨，又鉴于“三藩之乱”时龙门失而复得的艰辛过程，遂上奏朝廷请于龙门设营防守，于是北部湾地区的建置与兵力部署发生重大变化。

《广东海防汇览》记载，康熙二十三年后，廉州府设龙门协，并对钦州、乾体之兵进行裁减：“钦州之龙门去州治六十五里，原系界外海岛，小山交错，水径周通，可以行舟，亦可藏舟，为全省西南门户紧要，此处多设水师，可以兼顾钦州、乾体，而钦州、乾体之重兵可裁。……乾体营游击一员应裁去，其下酌裁守备一员，千总二员，把总四员，兵九百八十七名，归并龙门，共足二千之数，以立龙门营。……乾体营官兵裁归龙门外，尚余千总一员，把总二员，兵三百七十九名，仍留本营。”

这段记录说明，乾体营没裁减时兵员有千人之众，即使裁归兵员九百余名至龙门，也“尚余千总一员，把总二员，兵三百七十九名”。乾体营兵员多时超千人，而截至2020 年年底，乾江街社区有 8 个村民小组，325 户 1175人，乾江村委包括附近 8 个自然村、18 个村民小组，共735 户 2950 人，社区和村委人口加起来，才区区 4000 出头。或许那时的乾体，兵比民多！

康熙二十三年（1684 年）以前，廉州府域最主要的水陆军事力量为廉州营、乾体营以及钦州营。康熙二十三年（1684 年）之后，设龙门协的提议得到实施，乾体营水师地位于是丧失，并最终裁撤。龙门协在新一轮营制改革中，继承乾体营大部水陆防区，钦州营、廉州营的军事要地也均划归至其防守范围之中。至康熙五十六年（1717 年）廉州海防炮台体系建设后，廉州府形成了以龙门协为军事重心，龙门协、廉州营、钦州营相互联系，辅以重要战略据点、强大的火力点以及日臻成熟的巡洋会哨之制的战略格局，奠定了此后北部湾地区的海防基础。

在这个过程中，乾江的军事设置、设施在后来又发生了大变化。

康熙五十七年（1718 年），两广总督杨琳上疏“敬陈防闲巡缉之法”，核心内容为“统巡职任之宜分路”，确定广东巡洋会哨的分路范围，将明朝以来广东三路海防的区域作为外海水师洋面会哨的范围，对广东巡洋会哨制度进行完善。除水师建设外，他认为沿海陆营防备也同样重要，建议在海岸筑起抵御敌患的第二道防线。这些建议最终得以实施。

在这样的背景下，乾江炮台和城堡（烽火台）出现了。

八字山炮台

廉州营作为合浦军事中心，下辖炮台包括大观港东炮台、冠头岭炮台以及八字山炮台，按乾隆《廉州府志》记载，三炮台“俱大观港千总管辖，八字山外委把总协防”，其中八字山炮台“分管村庄八处”，大观港东炮台“分管村庄五处”，冠头岭炮台“分管村庄四处”。

廉州府域炮台多数建于康熙年间，现在有记载的广西炮台共20多处，这些炮台均处于扼海道咽喉之处，如海湾入口或与内河相通河口临海的山上及近海小岛上，每处炮台大多设3座或4座大炮，呈“品”字形分布，互为犄角。各炮台又各设1门或2门进口铁炮，每处铁炮附近设守兵营地等设施。

八字山炮台即乾江圩西二里八字山沙头上的炮台，始建于康熙二十三年（1684年）；大观港东炮台和冠头岭炮台均建于康熙五十六年（1717年），比八字山炮台迟得多。三座炮台都配有完备的军事工事，如营房、火药库等，火力配备方面，基本都是五百斤炮以上。据乾隆《廉州府志》，大观港东炮台在“府城西南一百里”，主要配备“二千斤炮二位、一千斤炮二位、五百斤炮四位”；冠头岭炮台在府城南七十里，配备“一千斤炮一位、七百斤炮一位、五百斤炮三位”；八字山炮台在府城南十五里，配备“二千斤炮二位、一千斤炮二位、五百斤炮四位”。

综合考量炮台位置与火器配备情况可知，八字山炮台在防御体系中的重要性高于其他两座炮台。这是因为八字山更接近府治廉州，又位于南流江支流西门江、廉江出海处，同时距离乾体港不远，而“乾体海口为廉城门户……由乾体至冠头岭、大观港数百里，海面辽阔，逼近郡城”，八字山炮台成为府治最后一层防护线，也是北海港及龙门港之间的重要军事据点。

在兵力配备上，按乾隆年间廉州知府周硕勋言：“大观港之东炮台、八字山炮台虽在滨海，竟系陆路止于防守内港，向未设有战船……今西炮台现设水师把总一员，安兵七十六名……而廉营东炮台复设千总一员，安兵三十八名，似属过多。今应于东炮台抽兵二十名，止留十八名，又所属八字山炮台距郡城仅十五里而贴近水师之三汊汛，现设千总一员，配兵九十五名，拖风船二只，快马一只，而廉营又驻外委一员，额兵十四名亦似过多。”

从周硕勋之言可知，三汊汛的军事地位对于廉州营水陆防卫均有重要作用，而三汊汛在八字山炮台附近。

民国《合浦县志》说，三汊口之三汊汛“在龙营东

八字山炮台遗址　北海博物馆／供图

水路二百二十五里，外连冠头岭，内接府城，实为廉郡门户”，该处设有重兵防守，并且专事海事。《廉州府志》有更详细的说明：“石营冠头岭三汊口汛，千总一员，兵九十五名，拖风船二只，快马船一只。东至白龙城汛水路一百里，西至大观港汛水路一百二十里，南系大洋，北至廉营乾体汛水路五十里，至府城水路约六十五里，边海并无分管村庄该汛千总专管。”

乾体烽火台

至少到清乾隆年间，乾体还是作为军事要塞存在。作为军事要塞，烽火台当然也必不可少。

据《合浦县志》(1994 年版)，为防御外敌，明朝在今北海、合浦境内，设置有程径、望子(冠头)、石子、深路、草头、高德、崩沙、白虎（饮马）等墩；在今合浦县山口镇到银海区福成镇境内，有川江、陇村、珠场、调埠、白龙、武刀、龙潭等墩;如今，合浦禁山还遗留有高 10 余米、顶宽约 2 米的安宁墩。此外，在沙岗、西场、乌家、石康等地至今还留存有珊瑚、扫桿、大树、鲎港、那隆、葛麻、乌家、鸦冲、连塘、西场、后岭、上进、牛岭等墩。其中的禁山安宁墩，与现存于合浦县第五中学校园内的烽火台隔着稻田相望，不过两三公里的距离。可以想象，这些建于明朝时期的烽火台，简直就是“星罗棋布”。

对于 2013 年被合浦县人民政府列为合浦县文物保护单位的乾江烽火台,《乾江历史文化探略》这样记述:“乾江烽火台平面形状略呈椭圆形，顶部长径2.7米、短径2.3米，地面至 1.4 米高处现已被合浦县第五中学砌树池包围。遗址原为圆锥形，高度为 4.1 米，底部直径 6 米，建筑面积 113.04 平方米。烽火台遗址被其顶部长出的榕树气根从上至下整体包缠，仅从一些缝隙中露出真容，景观非常奇特。这棵 500 年树龄的古榕树，已被列为广西壮族自治区一级保护古树。”

合浦县第五中学里的这株大榕树和东西二楼无疑是乾江的象征。

现在，大榕树下筑了保护围栏。前些天回乾江，我又

被树根包缠的烽火台遗址

去看了它。大榕树绿叶茂盛，枝繁根壮，比我读书的时候更显青翠。

榕树易生长，生命力旺盛而张扬，不过在乾江小镇一带，和桉树、马尾松等不一样，榕树不会被人们认为是一种阳光、开朗、随意的树种。乾江人对榕树有一种无法言说的敬畏。榕——容。榕树是要敬重、包容的。乾江小镇附近的村子祠堂前面，一般都会有一株榕树，榕树下常常香火兴旺。

大榕树站立在学校中央，高达 30 余米，婆娑枝叶覆盖了学校数百平方米的天空。学校的操场跑道没有选择，只能围着榕树修建。我于 1982 年进入这所学校——时称乾江中学读书，初一开始便是学校田径队队员。每天早上，我和其他田径队的同学得围着大榕树跑上 20 圈。父亲也曾在这里读书，当年他也是田径队队员，只是我不知道他每天早上要跑多少圈。他后来考上廉州中学读高中，每天早上从乾江跑 8 千米到县城上学，晚上再跑回家。每天 16 千米的长跑，锻炼了父亲的体魄，父亲后来被授予二级运动员称号。

在乾江中学读书的时候，课间或者晚上下自修课，我们常三五成群来到榕树下乘凉、聊天。有时，风吹过，头顶上榕树的某处会沙沙作响。大家“哎呀”一声，开玩笑说，兔精树怪出来了，有胆小的会被吓得撒腿就跑。关于大榕树，有很多传说。传说谁谁见过白衣少女在树洞、树梢中出没；谁谁从树下走过，听到树顶浓荫里女声情歌袅袅；谁谁见过……这些当然都是传说。

回到中学校园，我一般会敲开在学校任职的老同学家门，到他们简朴、清静的家里讨杯水喝，然后一起到校园里走走。

现在，学校里教过我的老师都退休了。身边经过的是陌生的面孔，但操场、树木、教室、菜地、鱼塘……仍是旧时模样，好像在等候着什么。

红坭城和白坭城

红坭城和白坭城也是乾江的重要军事设施。

苏立桎和许瑞棠对它们的建造原因和时间都有明确的记录：

“光绪十一年（1885年），法军侵越，法舰窜南沥，炮轰北海，合浦戒严，乾体又筑土堡红坭城以防守，这是乾体在中国史上作为南方军事要塞的事例。”（苏立桎《乾江述古》）

“古坭城二，一距乾体三里许，一距乾体里许，谅山之役恐法人由北海袭廉，同时筑此以御之，距今三十年。”（许瑞棠《珠官脞录》）

红坭城遗址位于乾江村辖区廉城爆竹厂内，西距厂门约150米处，因就地用红土夯筑而得名。根据2007年广西壮族自治区北海市合浦县第三次全国文物普查资料不可移动文物登记表的记录，红坭城遗址平面略呈方形（76米×76米），南北向，残存城基宽7.5米，最高处1.75米，一般高0.5米，残存北城墙长度为30米，护城壕宽8米，大部分已漫漶不清。红、白坭城互为掎角，都有驻兵防守，但白坭城现今已不见踪迹。两座坭城作为晚清时期为抵抗外侮而筑的沿海军事设施，为研究我国近代反侵略斗争史提供了宝贵的实物资料。

乾江这些明清以降的军事遗存，无疑具有重要的历史文化价值。虽然如今大部分已渐渐消隐于时光之中，但留下来的那些，也足以成为乾江人民反抗外来侵略的历史见证，是国人智慧的结晶。

后记

乾江，这个地处北部湾畔南流江出海口处的古镇，自两千年前的秦汉起，便是货物聚集、扬帆远航之地。作为海上丝绸之路始发港古合浦港的核心部分，这个地方文化底蕴深厚，历史遗存众多。在明清两朝，这里还是中国南方重要的海防要塞，军事设施众多，重兵驻守，为国家安全起到了重要作用。同时，这里海洋文化和农业文化特色鲜明，宽阔的海洋、富饶的土地，养育了一代代乾江人，又让一代代的乾江人得以立足土地，放眼大海，远航世界。

千百年来，这个地方几度繁华，又复归沉寂，一度甚至被时间埋没。但古镇从不荒芜，这里的人们，把世俗生活过得有声有色。

近年来，随着考古发现和百姓生活质量提高，乾江渐渐重新受到世人关注。

曾有过很长一段时间，我以为自己离开乾江那片土地，把老家的房子抛到背后，会心慌，会活得没有根基，会过得茫然和没有退路。也曾有很长一段时间，我以为自己已与故乡和老屋相去甚远。不管造成这种关系是有意还是无意，我都以为自己再也接不上与童年相连的那根线了。

但是，与生养过自己的土地的关系，就像无数次欺骗过我的世事和我的关系一样，太多变化和想法根本猜不出，把握不准。这种变化和想法就像一场绵延的戏，而戏中的我，完全分辨不出自己什么时候是观众、什么时候是演员。

于是，我得以一次次回到乾江，回到水星街我的老屋。

置身老屋，看着日愈伤损的墙壁，门板更加隐褪了年份，后院的花木败落不堪，一家人住过的房间空着，父亲亲手修补的窗户仍完好，母亲带领我们搓鞭炮做烟花的炮凳仍然倚在墙角，我和弟弟在墙上挖的洞结上了蛛网……

不知道怎么了，便有一股热流从内心升起。

一个人站在空空荡荡、破旧的老屋里，我感觉到自己还是一个孤独、脆弱、无助的孩子，根本承受不住房子里弥漫着的既熟悉又陌生的气息扑面而来。人到中年的我，竟然无法自制，多次泪流满面。

我终于明白，乡愁是血脉里的江河，一直在流淌。

感谢漓江出版社，让我有机会，以文字的方式重回乾江。

主要参考资料

1. 北海市地方志编纂委员会办公室，《乾江历史文化探略》，2021年。
2. 班固，《汉书》，线装书局，2010年。
3. 黄启臣，《广东海上丝绸之路史》，广东经济出版社，2003年。
4. 苏立桎，《乾江述古》，《北海文史（第十六辑）》，2002年。
5. 康熙《廉州府志》，康熙二十五年（1686年）。
6. 崇祯《廉州府志》，崇祯十年（1637年）。
7. 民国《合浦县志》，民国二十一年（1932年）。
8. 合浦县志编纂委员会，《合浦县志》，广西人民出版社，1994年。
9. 北海市地方志编纂委员会，《北海史稿汇纂》，2006年。
10. 合浦县第五中学，《合浦县第五中学志（草稿）》，内部资料，2011年。